A Hitchhiker's Ethnography:

How I thumb my way to the world

搭便車不是一件隨機的事

李易安／著

公路上3萬5千6百公里的追尋，

在國與界之間探索世界

出門前突然想到，於是特地去了廁所
確認馬桶裏的漩渦究竟是順時針
还是逆時針流。
雖然科氏力好像只是个都市傳說，
但都到了南半球老远一趟，
还是親眼確認一下的好。
CHINA AIRLINES
EE YIAN
I0927 Y 09N
FM TAIPEI/TPE
TO HONG KONG
Seat
登機順序
27B ZO
KI7J
TKT235528897
TURKISH AIRLINES
BOARDING PASS | BİNİŞ KARTI
NAME / ISIM
FROM / NEREDEN
TO / NEREYE
SAO PAULO
ISTANBUL
FLIGHT UÇUŞ
CLASS SINIF
DATE TARİH
TIME SAAT
TK 0015 Y
TK 0071 Y 09NOV23:15
SEAT / KOLTUK
27K
GROUP A
GROUP B
0/0 072
0/0 303 UY/P
ET 2355288976724/2
A STAR ALLIANCE MEMBER

WILLKOMMEN
HOŞGELDİNİZ
BIENVENIDO
ПОЖАЛОВАТЬ
欢迎光临
ようこそ
WELCOME
وسهلا

Balkans

巴爾幹半島

便車路線

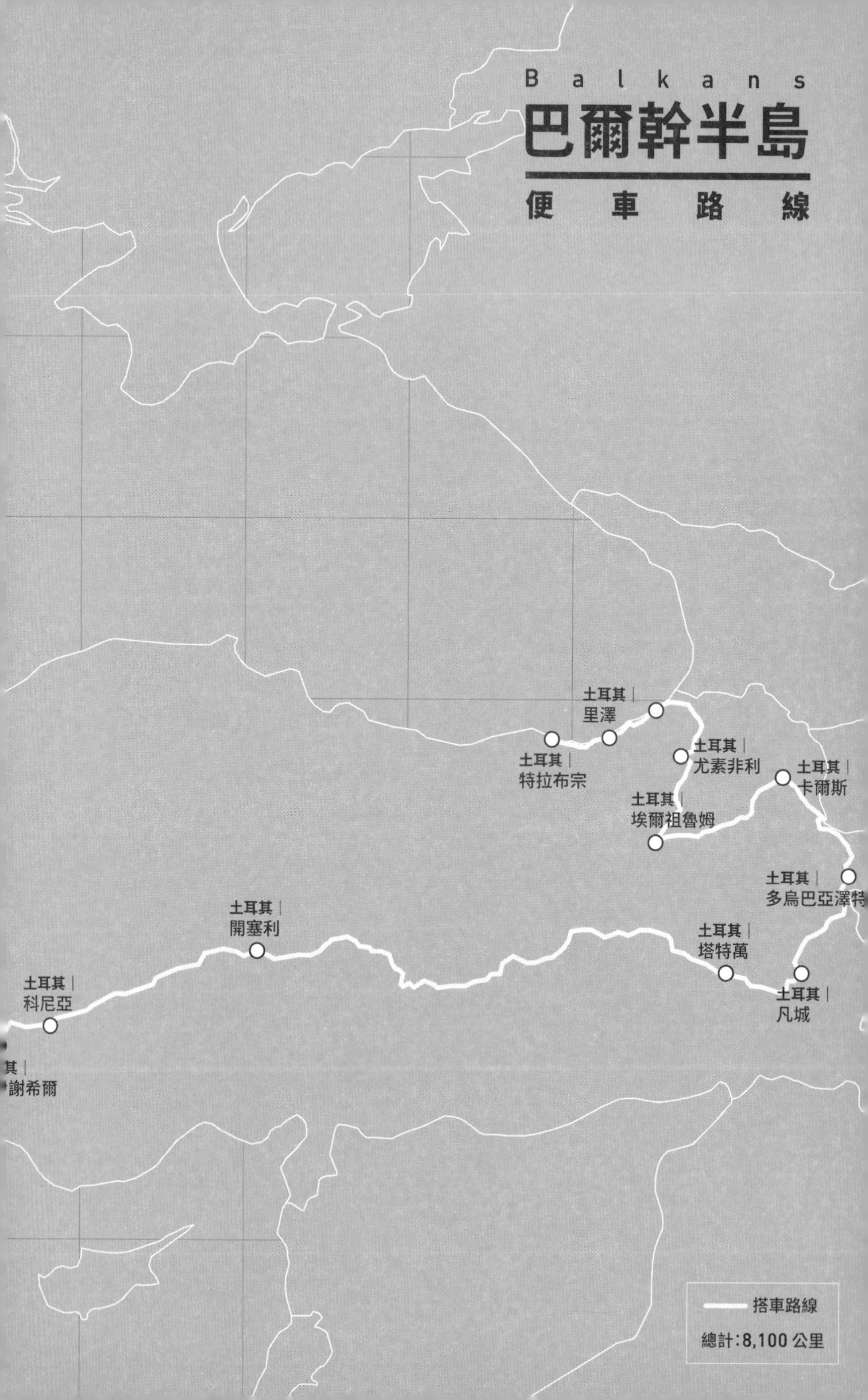

匈牙利｜布達佩斯
羅馬尼亞｜克盧日-納波卡
匈牙利｜豪爾卡尼
羅馬尼亞｜布拉索夫
克羅埃西亞｜新格拉迪什卡
羅馬尼亞｜布加勒斯特
波士尼亞與赫塞哥維納｜亞伊采
波士尼亞與赫塞哥維納｜塞拉耶佛
波士尼亞與赫塞哥維納｜莫斯塔爾
克羅埃西亞｜杜布羅夫尼克
北馬其頓｜普利斯提納
保加利亞｜索非亞
保加利亞｜大特爾諾沃
蒙特內哥羅｜科托
保加利亞｜普羅夫迪夫
北馬其頓｜Prizren
蒙特內哥羅｜布德瓦
北馬其頓｜斯庫台
北馬其頓｜斯科普里
保加利亞｜里拉修道院
土耳其｜埃迪爾內
蒙特內哥羅｜烏爾齊尼
保加利亞｜里拉國家公園
阿爾巴尼亞｜地拉那
北馬其頓｜奧赫里德
阿爾巴尼亞｜波格拉德茨
阿爾巴尼亞｜培拉特區
阿爾巴尼亞｜克爾曲拉
阿爾巴尼亞｜佩爾梅特
土耳其｜恰納卡萊
希臘｜柯尼察
希臘｜卡巴拉卡
希臘｜約阿尼納
土耳其｜伊士麥
希臘｜雅典
土耳其｜代尼茲利

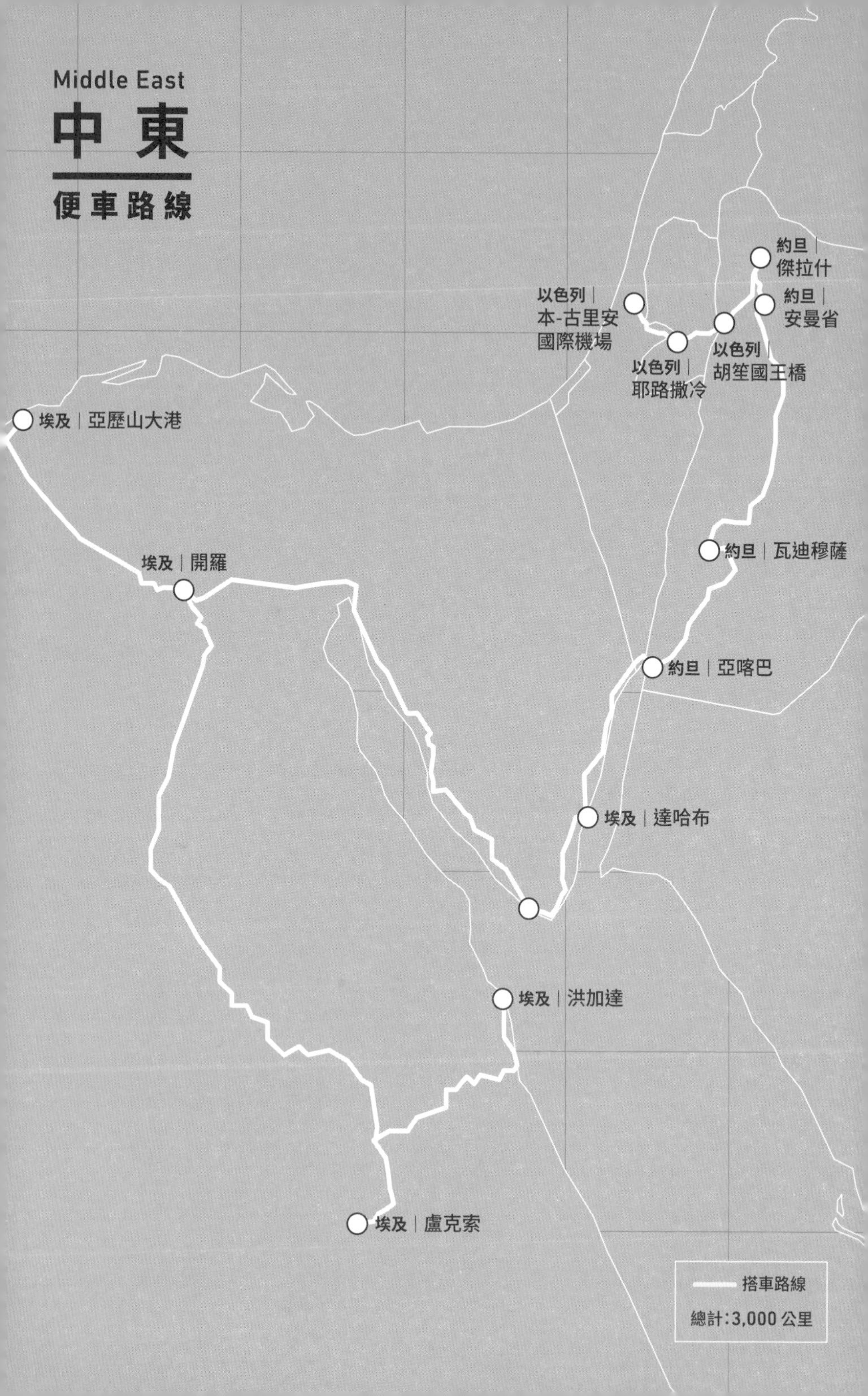
Middle East
中東
便車路線
約旦｜傑拉什
以色列｜本-古里安國際機場
約旦｜安曼省
以色列｜胡笙國王橋
以色列｜耶路撒冷
埃及｜亞歷山大港
約旦｜瓦迪穆薩
埃及｜開羅
約旦｜亞喀巴
埃及｜達哈布
埃及｜洪加達
埃及｜盧克索
搭車路線
總計：3,000 公里

Central Asia
中亞
便車路線
搭車路線
總計：3,000 公里
烏茲別克｜希瓦
烏茲別克｜布哈拉
烏茲別克｜撒馬爾罕
烏茲別克｜塔什干
烏茲別克｜安集延
烏茲別克｜費爾干納
烏茲別克｜索克區
烏茲別克｜泰爾梅茲
塔吉克｜伊斯坎德湖
塔吉克｜杜尚別
塔吉克｜霍羅格
塔吉克｜伊許卡辛
塔吉克｜穆爾加布
吉爾吉斯｜奧什
吉爾吉斯｜卡拉科爾
吉爾吉斯｜比什凱克
吉爾吉斯｜頌湖
吉爾吉斯｜科奇科爾
吉爾吉斯｜卡拉科爾

阿根廷｜布蘭卡港
阿根廷｜維耶德瑪
智利｜蒙特港
阿根廷｜里瓦達維亞海軍准將城
阿根廷｜El Chaltén
阿根廷｜埃爾卡拉法特
智利｜托雷德佩恩
智利｜那塔勒絲港
阿根廷｜里奧加耶戈斯
智利｜蓬塔阿雷納斯
搭車路線
搭船路線
總計：17,000 公里

South America

南美洲

便車路線

Part. 1 穿梭公路的人們

Part. 2 — 破滅有時，嚮往有時

Part.
3
國與界

推薦序 Foreword

搭便車，讓「人」成了我們旅行中的主體

楊宗翰　「沙發客來上課」計畫發起人

第一次搭便車，應該是大二在臺灣走路環島的那個暑假吧，原本想要帥氣的徒步走完臺灣一圈，結果第一天就走錯路⋯⋯那是一個多數人手機都還無法上網的年代。

發現自己迷路的那一剎那，我趁著紅燈，跑去敲一臺在等紅綠燈的小貨車車窗，問那位大哥要怎麼樣才會走到臺一線。那位送火腿和香腸的大哥跟我說：「你走錯路了，這條路怎麼走都不會到臺一線啦。」然後他看了一下手錶，對我們說：「來啦上車上

車，我載你們過去一下就到了。」

隔沒幾天，我又在楓港搭到一個警察叔叔的車子，他聽到我們要去睡香客大樓，撥了通手機回家，問他老婆有沒有煮飯，然後就對我們說：「我說啊，你們要去睡香客大樓的話，不如來我家吧？」

然後我們就被那位警察叔叔撿回去了，認識了他好可愛的家人，在他們家裡不斷的泡茶、聊天、吃點心。徒步環島的後半部分，我就改成每天走個四小時，然後再花十分鐘搭便車補完剩下的路途。就這樣，我的搭便車人生其實真的還滿誤打誤撞的。當年的環島行埋下了這小小的種子，讓我後來在歐洲時到處搭便車，甚至回到臺灣後也持續把搭便車當成日常交通方式。

幾年下來，上百位的車主在我面前停駐，免費讓我搭順風車。我搭過警車、計程車、聯結車、垃圾車還有復康巴士，也曾經搭過討債集團、更生人、搖滾歌手甚至馬其頓民航局長的便車。

我覺得臺灣真的是全世界最好搭便車的地方，甚至比土耳其還容易一點。

看著易安的故事，真的為我帶來許多的共感。我相信搭便車跟沙發衝浪都對我們的人生觀造成很大的影響，它讓我們相信，人跟人之間的互動還有交易以外的可能，也讓「人」成了我們旅行中的主體。

我認同易安所說的，每一次搭上車，都是一場田野調查。我們會遇到各種不同職業、信仰、價值觀跟民族的人們，每一次上車，幾乎都是在進行一系列的資訊交流，你會遇到日常生活中完全沒有機會接觸，有時候甚至會避免去交流的對象，但是，至少在搭便車開門跟關門的這段時間內，你會試著放下一切成見，只為了想要多了解對方一點點。甚至，正因為我們雙方都知道，上車前我們不認識彼此，下車後也不太有機會再次相遇，在這樣特別的環境下，人跟人之間反而可以毫無保留的分享，許多車主甚至會跟我分享一些他們可能連對自己家人都沒有提起過的想法。

被一個從來沒見過面的人如此信任的看待著，真的是非常幸福的事情。

我非常喜歡透過搭便車來了解一個國家，聽每個車主談論相同的議題，比如說在希臘跟便車主談經濟危機，在捷克跟車主談對斯洛伐克的看法，或是在保加利亞談加入歐盟的心得。

要了解這些事情，我當然可以選擇閱讀新聞，可是新聞往往只會告訴我們「事實」，卻極少有讓我們能夠理解前因後果的「故事」。

而故事，可以有很多很多的版本。

這些當地人的想法，也許並不完全正確，也許充滿主觀意識，有時甚至可能互相矛盾。然而，這才是我真正想要知道的。我想要知道，面對同樣一件事情，各種宗教、職業、世代跟國籍，各式各樣的人到底是怎麼想的。

搭便車讓我們有多一點機會，去理解那些人們眼中的世界。

話說，我自己也覺得搭便車絕對不是隨機的。就經驗來看，外地人或是少數族群停下車的比例似乎往往都高於當地人，比如，我在德國都搭到波蘭人或是土耳其移工的便車；在瑞典搭到哥倫比亞計程車司機的便車；在希臘搭到的車主，則幾乎都在美國住過；而在克羅埃西亞，我竟然可以連續搭到兩臺車主會講中文的便車。想用搭便車來統計當地人的分布，我認為絕對會非常失真。

《搭便車不是一件隨機的事》書裡提到的，幾乎都是對臺灣人來說相對比較陌生的國家。裡面我去過的幾個都讓我印象深刻，沒去過的那些則是我非常好奇想去的。而我最佩服易安的一點，就是他在書裡面將自己親身經歷的故事巧妙地結合了看似艱澀難懂的歷史，讓我們可以在每個便車車主身上看到長長的歷史脈絡。我們可以從東干車主的語言教學，看到東干民族的流亡身影；從與約旦車臣沙發主的相處中，了解難民對約旦的影響。看完他的這些故事，讓我更加好奇，更加想要去拜訪那些地方，不過我也很清楚，我們絕對會搭到完全不一樣的便車，遇到完全不一樣的故事。

期待易安這本書可以帶更多的人稍微認識一下書中那些有趣的國家，有趣的人，也帶更多的人進入搭便車的世界，也許將來在臺灣舉辦個搭便車集會吧。

推薦序 Foreword

在路上：抵達世界上任何地方，或者從來不存在的那個地方

——何欣潔
《端傳媒》臺灣組主編

我第一次與易安在路上相遇，始於本書第十四章〈吉爾吉斯：東干老爺的便車〉。

這篇文章部分段落首發於「轉角國際」，其中一篇原名〈東干人（下）：離散中亞的「人肉時空膠囊」？〉是篇很有易安特色的文章：絲路上遭左宗棠剿滅逃亡的回民、中亞的甘陝穆斯林、一帶一路下的中國野心，與一群古老民族的離散命運，全數在他搭乘的東干老爺子「便車」上迤邐展開，於流暢文筆、輕車轣轆之間，讀者已

不知不覺跟著他走了很遠。

便車，是一個藏有另一個摺疊空間的所在。比起純粹的大眾運輸、手握方向盤的駕車旅行，於易安而言，便車從不只是抵達目的地的工具，也是目的地本身。在便車車廂裡，搭便車的旅人與司機藉談話穿梭時空、展開想像中的地圖，抵達無邊的疆界；但回到當下此刻，他們的肉身依然在公路上搖晃，往下一個目的前進。

《端傳媒》過去也曾有個令我著迷的小欄目，名字正叫「別處」。「別處・新疆」、「別處・稻城亞丁」、「別處・成都」……唯有照片，別無文字。這個欄目在《端傳媒》已不復出刊，但李易安本人就是一欄活生生、會走路的「別處」：他既在這裡，又不在這裡；他身在別處，也總是要出發上路。

有一次，忘了我們正在討論什麼題目，他饒富興味地這樣說：「你看，『Nowhere』這個字很有趣，乍看之下是唸成『No where』，沒有這個地方；也可以說成是『Now here』，我們當下就在此處。」

聽起來太過玄妙嗎？那麼，這篇易安自譯、十分喜愛的作家法蘭克・雅各布斯（Frank Jacob）為一張「丹麥地圖」所寫的短文，或許很適合做本書的參照互文：

這張地圖所呈現出的，看起來像是丹麥的某一個角落，再尋常不過。然而實際上，卻完全不是這麼回事。

儘管地圖上的每個名字，聽起來的確都非常丹麥，但丹麥既沒有「科布司塔」（købstad）這個城鎮，也沒有任何一個在「科克蘭司比村」（Kirkelandsby）附近的相似物……實際上，這些地名，標出的是丹麥典型的地景種類。「købstad」的意思是「市集」，「Kirkelandsby」是有教堂（Kirke）的村莊（landsby），而「Gaard」在丹麥語裡則指用來耕作的「農地」，或不事農耕的「院子」。

因此，這是丹麥「任何一個地方」（anywhere）的地圖——或者毋寧說，這是一幅「無境之地」（nowhere）的地圖，圖中的一切根本不存在。它的功能完全是地圖學上的、用來釐清分類的，旨在教導人們閱讀地圖的方法，而非標注外在世界。

易安的腦海中，也有一張這樣的世界地圖。若你願意跟著他一同上路，你會發現：你可以去到世界上的任何一個地方，也可以親眼得見那些你以為從來也不存在的地方。

大西洋的飞机上、说好要好好工作看书的.

但实际上13小时的航程中，我们只在电影、食物与昏睡中度过。未坐满的经济舱却有硬座升级硬卧的乐趣，三个座位就能一字躺平.

飞越了三毛曾经流浪的西撒哈拉、海岸线蓝得甚乎让人无法相信那是蓝的.

在落日下降落São Paulo，都会惊人的尺度.
边检人员、行李工作人员却友善得不像话.

初见巴西、一切印象皆好.
排队换钱，却被13USD的手续费给吓跑了。

最后在T2鼓起勇气问了坐在地上等车的女孩.
女孩一口流利的美式英语、表情难过、但换了20USD给我们，还带我们找到257巴士，换了零钱.

女孩去了Rio办美国签证，却被拒签。希望她天使般的好心肠能带给她好运。

从机场到Tatuápe转地铁，经过Sé、顺利地抵达Vila Mariana。快速。在街上找着五号门牌时，

在铁门上发现了KIRNAN留给我们的字条.
仔细看了马桶漩涡的方向，但…

看不出个所以然来…

从土耳其航空的飞机上拎带了2个三明治、三个苏打饼、三个奶油、一块蛋糕、餐具、和一个枕头。感谢土航的赞助！（忘了提到盐、胡椒、和许多红白酒、啤酒）

历经过份丰盛的供与、过份悉心的来回照料、
以及混合了時差与逼仄空間的失眠、
十一个小時转眼就过去了。
Istanbul 不愧是欧亚的十字路口。凌晨四点半还是万头亂
在香港机场成為携带火药武器現行犯的我們、在伊斯坦
机场又成了無WIFI不适徵候的受害者。
只好睡眼矇矓地呆看博多普鲁斯海峡上的晨曦。
登机前，突然廣播要求所有人為某个重要的人默哀2
問了地勤，居然是一个名望颇高的前总统今天过世了。
不只灯关了，窗外也響起警笛声。

生平头次
飛越大
果然是
世界、修
裏已经
出現讲
語的拉美
猶太人

序章 Intro

公路上的遊牧者：我們爲什麼搭便車

搭便車的人

我是一個搭便車的人。

這句話用中文說起來，一直都讓我覺得有些彆扭。在中文語境裡，「hitchhiker」還沒有凝固成像「沙發客」（couchsurfer）、「鄉民」這些在不斷搬用之中反覆錘鍊、而逐漸落定的名號，只能用平鋪直敘而有點生硬累贅的方式指涉。這種窘迫除了反映出知識分類的社會建構性，或許也透露了「搭便車」這個概念對於臺灣人

來說有多陌生。

我的第一次便車經驗，是在二〇〇九年還在西班牙交換學生的時候。當時我買了廉價航空的機票，飛抵目的地才覺得上了賊船：機票是很便宜，但機場遠在前不著村、後不著店的偏鄉，離開機場的公共交通完全付之闕如，下了飛機的乘客，只能摸摸鼻子購買昂貴的巴士票前往市區。我嚥不下這口氣，看了地圖，發現機場外五公里處有高速公路經過，於是背起背包走去碰運氣。好不容易走近高速公路的匝道口，我在初冬的薄霧裡，模仿電影裡那些同樣站在路邊的人，豎起了我的大拇指。

每經過一輛加速駛離、把我拋在腦後的汽車，我高高舉起的拇指就向下退縮一些，直到臉上掛著的笑容都僵了。出乎意料地，最後為我停車的竟是一個頭髮花白的老婦人。上了車後，我說這是自己第一次搭上便車，老婦人聽了之後竟然說，她也是第一次讓陌生人搭上便車。有點矛盾的是，她停車的理由居然是她不相信在西班牙有人可以搭得到便車，所以如果她沒停車，我可能得等上一輩子，她覺得那太可憐了。

總之，我的第一次便車嘗試沒有鎩羽而歸，也沒有讓我遇上變態殺人魔，於是開啟了我的便車生涯。

移動總是迷人

移動這件事，總讓我特別嚮往。

我成長於一個美術課、電腦課會被數學老師「借走」的年代，就算是沒被借走的電腦課，通常也沒課可上，老師只是默默坐在講臺上的電腦後方，放任孩子享受沒有教材作業的自由時光。那個時代已有網路，大部分男學生都沉迷於一款可以連線的格鬥遊戲，但我都會打開當年中正機場藍綠色的網頁，盯著航班動態表看一整節課。當時被困在中學圍牆內的我，不知道為什麼航班表這麼吸引人，只覺得看著那些陌生的外國地名和航班號碼能讓我格外安心。

除了時刻表，我也很喜歡閱讀各種地圖，尤其沉迷於捷運公車的路線圖，以及高速公路交流道交岔和繞圓的方式。後來我又進了一所男校，裡頭什麼奇怪的人都有：有些同學以背誦公車路線為樂，有些則是鐵道迷，對全臺車站如數家珍，我才知道原來這種嗜好並非唯我獨有，甚至有個地理老師也是同道中人，偶爾會和我們在課堂上互相問答，抽考公車路線。（這到底是什麼奇怪的學校？）

再大了一點，我發現自己對於各種移動的人很有興趣。這種移動，不見得是每日通勤、假日慢跑這種，而是更大一點的尺度，比如移民、遷徙這類跨越邊界的人口流動。於是我跑去選修了「人口學」這門課，卻又覺得有點失望，因為授課內容全是數據和理論，沒有面孔，沒有故事。

後來搭便車搭上癮之後回想，時刻表、地圖這些事物之所以讓我如此迷戀，或許是因為他們總能讓我在其中摹想移動，探索未知。對我而言，它們都很像詩，用標準化的符號連結真實世界裡的無限意涵，遊走於想像的曖昧與真相的實現之間。面對地圖，你甚至沒有詩頭，也沒有指定的閱讀方向，更別提那在地圖上看似遺漏、你卻永遠知道「一定存在著什麼」的空白之處。

話說回來，我的人生之所以總在路上，或許也和我的名字不無關係。我小時候總覺得自己的名字很難唸，因為「易」和「安」兩個字都沒有聲母，唸起來無精打采。後來我在國文課本裡得知自己和宋代的一位女詞人同名，才開始覺得自己的名字好像沒這麼糟糕。再後來，我又在陶淵明的〈歸去來兮辭〉裡看到「倚南窗以寄傲，審容膝之易安」這兩句話，才終於不再嫌棄自己的名字，甚至還可以坦然接受自己得過且過的安逸性格——就連我的名字，都要我安於只能容膝的陋室。

但關於「易安」這兩個字，我至今最喜歡的解釋是一個學識淵博的朋友提出的。他說我的名字正好是兩個反義字——「易」是變動的意思，「安」則有靜止之意。我當時語塞，從沒想過這兩個字還可以這樣解釋。後來想想，我之所以總在移動之中找尋安穩，不斷在移動和停留這兩種狀態之間來回轉換，大概也是託這個我嫌棄了好久的名字的福。

總而言之，長大之後的我終究還是不斷在移動之中尋找快樂。只有移動，才能讓我感覺安穩。

開始上路

第一次決定以搭便車方式做長期旅行，是在二〇一四年底。有點俗套地，我和當時的旅伴曾對這世界也對職涯和人生感到迷惘。當時覺得，人生大概就這樣了，有一條雖不致閃閃發光，但也夠明亮動人的路可以走，可以理直氣壯地汲汲營營，讓時間成為發展的刻度，似乎都能預見十年後自己的模樣：除了不快樂之外，一切都好。

而搭便車旅行，或許就是我們任性地，在尚未完全麻痺之前做的一次掙扎。說穿了，我們前進的力量，就是逃離的力量；之所以搭便車上路，沒有什麼冠冕堂皇的理由，更沒有什麼追逐夢想的勇氣。

起初，旅費拮据是搭便車的首要理由，但到後來，搭便車本身，以及便車途中各種稀奇古怪、事後可以拿來說嘴的經歷，反客為主地成為了旅行的主要目的。我逐漸發現，搭便車的人其實並不少。偶爾在公路上遇到「競爭對手」我們會彼此寒暄，交換搭便車的路況與情報。

有時候，搭便車也像一張我們主動爭取來的「邀請卡」，讓我們得以闖入那些旅遊場景的後臺，在駕駛的善意和協力下理解當地文化。雖然這樣說好像是偷窺癖，但卡車司機的生活、單身男子的住所，或是物流運輸和大老闆跑業務的路線，不知道為什麼就是很吸引人，還讓我們可以想像自己的旅行，不只是停留在景點地標打卡的表象層次。

漸漸地，搭便車又變成一種癮頭、一種無意識的堅持。我們在疲憊與刺激中冷熱交替，讓搭便車最終麻痺成為儀式。我們把自己放置在權力如此不對等的情境之中，讓自己在旅途上的移動幾乎完全丟失主動（有時候連目的地都無法自己決定），像人們在儀式中重複熟練舉止、忘卻意義，藉此把自己完全交給天命。在公路上的被動情境，簡直是我們當時所處人生階段的一個縮影，我們把自己置身一場迷你版的人生遊戲，學習迎接未知，也試探彈性。

最神奇的是，雖然搭便車旅行看似處處受限、高度仰賴運氣，我們卻感到無限自由。

每次成功攔下便車，跳進車廂、噓寒問暖之後，我們最喜歡問駕駛：為什麼你願意為我們停車？有些人的回答淡得像白開水、完全不帶感情，「因為我一個人開車，路途遙遠，想找個伴。」也有些人幾乎是出於天性地過分熱情，「我想幫你們！」

還有一種人很有趣，他們曾經也是在路邊等便車的人。「我年輕的時候也常常搭便車。看到你們，就想起以前身無分文、在路邊等車的我。」也許他還有好多其他的年輕記憶，就這樣被我們在公路邊的身影給喚起了。

搭便車這種旅行方式，不但不受拮据的預算限制、也沒有太多可以失去的東西，而這種缺乏經濟自由，卻又在精神上感到無比解放、不受物質與現實牽絆的情境，或許也是許多成年人回望年輕的自己時，經常懷念的「自由」。

─搭便車作為一種「田野調查」的方法─

換個角度想，搭便車帶給我們的自由與浪漫，並非只是漫無止境的發散。

人類學家李維史陀在進入學術殿堂前，曾經在巴西進行過一場以今日眼光來看未達標準、幾乎可以用「散漫」來形容的田野調查。在那八個月之間，李維史陀蜻蜓點水、打游擊般地在幾個部落間漫遊。後來，他在跨文化的神話之中，提煉出神話的各種「原型」。

雖然無意自比李維史陀，但我們在公路上一頭栽進的各種經驗，無論如何隨機，也都總是鑲嵌在廣大的社會結構之中，交織在共通的人性裡頭。於是我們後來也把搭便車當作一種不嚴謹的田野調查方法、一種開啟際遇的入口，讓每個司機成為我們在「田野」中的「報導人」。在智利，我們跟著滿車的農產品由南到北細數各個農業帶；在希臘，貨廂裡塞滿了要送去給西歐人消費的菲達起司；在巴爾幹半島，我們則是總會遇上土耳其人來此度假。

除了卡車司機和觀光客之外，我們也跟建築師和土木工程師特別有緣。在土耳其東北部山區，載我們一程的不是參與水庫新建計畫的土木工程師，就是設計安置社區的土木工程師。在蒙特內哥羅這個二〇〇六年才獨立的國家裡，則是彷彿每個人都在蓋房子，我們在那裡遇到的駕駛經常是四處奔走、巡視新建案的建築師，而家具建材店前門庭若市的停車場則是我們攔便車的好地點。由此，石匠（mason）這個職業在英文裡，在過去有時會加上「free」（自由）這個前綴寫成「freemason」，「好像也不無道理。

一位韓國電影製片人曾說，電影劇情裡絕對不能出現「巧合」。然而我想他的意思並不是電影之中絕對不能有巧合的元素，而是所有巧合的元素都必須被賦予意義、能夠前後連貫成某種因果關係，進而由「元素」變成「橋段」。再說，任何巧合無論再怎麼像是天外飛來一筆的存在，背後也必定都有成因，也都可能像蝴蝶振翅那樣捲起暴風。

搭便車大概也是這樣。論刻板印象，這世界大概少有活動像搭便車一樣，如此隨機、如此巧合。然而在和無數位便車司機相遇、又和更多司機在公路邊擦身而過之後，我們發現搭便車其實並不如想像中的隨機，而這本書想做的，就是在各種便車故事之中，嘗試找到隨機背後的那些因果，為那些際遇賦予意義。誰願意為我們停車，我們在路上遇到什麼人，或許都不是「命運」兩個字就能簡單解釋的。

總的來說，這是一本關於搭便車的書，也是一本關於移動的書；它試圖說的是關於移動的故事，也透過移動說故事。在這個全球化的年代裡，人員、貨物、資訊以前所未見的速度和規模在跨界流動著，而個人在社會階級中流動的故事，也愈來愈常和遷徙移民的敘事一起寫成。移動，彷彿早已經成為貫串一切的關鍵字。

因此除了我們自己在人生旅途高峰低谷間猶疑掙扎的軌跡，這本書也關切各種穿越界線的移動。比如人群的流散、貨物的運輸，如何因為地緣政治和歷史記憶，在地

1 不過 Freemason 這個字若字首大寫，今日則專指「共濟會」成員。共濟會據稱是世界上最神祕的組織之一，成員多半是富人或權貴。

表上擠出曲折路線？比如鼓吹流動自由的說詞如何可能暗藏困境，又如何以各種變體跨越國界，擴散至世界各地？那些牽涉爭議的歷史記憶，又是如何在不同的國家與時間向度上遭到挪用，如何在社會的脈動之中自處？

移動版本的沙發衝浪：陌生人的善意，與近乎愚勇般的理想主義

關於「移動」這個課題，其實另一個我經常使用的旅行方式——沙發衝浪（couchsurfing，亦即借宿在別人家的旅行方式，其名稱來自於媒合沙發主和沙發客的網路平臺）也是很好的一個觀察入口。事實上，我第一次搭便車那段期間，其實也正好是我開始嘗試沙發衝浪的時候。

雖然沙發衝浪現在已經有點變質，有人說它變成約炮網站，有人遇到很多負面經驗，但對我來說，它最大的變化，其實是沙發衝浪網站後面的網域從 .org 變成 .com，而會員數則在那之後快速激增。

伍迪・艾倫（Woody Allen）有部電影叫《午夜巴黎》（*Midnight in Paris*），裡頭的主角因為對現狀不滿，總會緬懷過去某個「黃金年代」。我以前也曾有這種感受，

覺得自己錯過了一九八〇年代末臺灣熱血沸騰、充滿理想主義（和熱錢滿地）的浪潮。唯一稍稍讓我感到安慰的，似乎是至少我經歷過沙發衝浪「依然美好」的年代——現在回看，二〇〇九年我從中國啟程，沿著西伯利亞鐵路乘火車去西班牙交換學生，因而開始嘗試沙發衝浪的時候，幾乎就是沙發衝浪的「黃金年代」。

在柏林時，我住過一個前國會議員的家，他聽我對柏林圍牆有興趣，於是每晚都會從自家酒窖拿一瓶酒，和我聊到天亮。在維也納時，剛好遇上奧地利大學生串連占領校園，一群維也納大學的學生，把占領的學校講堂放到沙發衝浪的網站上，開放給沙發客來一起占領、一起輪班守夜。

我剛到西班牙時，一開始沒找到住所，也曾寄住一位沙發客的家裡。那位沙發客是個極端聰明的伊拉克人，和我就讀同一所學校，但他是拿全額獎學金來西班牙的。有次我坐他的車出去，聊到他的家鄉，我於是政治正確地開罵小布希是美帝、進軍伊拉克是赤裸裸的侵略行為，不料他從駕駛座上轉過頭來看了我一眼，然後淡淡地說，「不是所有伊拉克人都反對美國的。」我後來才知道，他爸爸在美軍扶植的伊拉克過渡政府裡當官。

有次在葡萄牙的波爾圖（Porto），我的沙發主是個退休公務員，他客廳裡擺著一個地球儀，上面插滿國旗，每一支國旗，都代表來過他家的沙發客的國籍。他當時拿出我很久沒看到的青天白日滿地紅，興奮地告訴我，我是他接待的第一個臺灣人。他說，他只接待沙發客，從來沒有去別人家住過。過去的五年來，他沒有踏出過自己家門一步，卻已經去了八十幾個國家。那顆插滿國旗的地球儀就是證據。

我臨走前，他聽我來不及把寄給自己的明信片投遞出去，於是主動拿了過去。那張明信片後來花了一段時間才寄抵臺灣，我收到時，正好因為對人生茫然而焦慮躊躇，結果發現明信片上除了他自費貼上的郵票之外，還多了一句「享受生活吧，我的朋友」（Enjoy life, my friend），看得我眼淚直接噴出來。

然而沙發衝浪的質變，卻剛好呼應了二〇一〇年之後開始加劇的一個趨勢。

這幾年我沙發衝浪，發現一個跟十年前很不一樣的現象——大部分的沙發主，都不再是「當地人」，而是各種跨國工作者、跨國退休者，換句話說，現在大部分會接待沙發客的沙發主，幾乎都和我一樣是「外人」。

在大溪地的時候，沙發主是個法國來的「數位遊牧民族」（digital nomad，意指只要連上網路就能工作，因而不需定居在一個地方的人），他在茉莉亞（Moorea）島的海邊建了棟木屋，平時靠承接政府資訊系統標案維生，想游泳時，門外就是大溪地讓觀光客魂牽夢縈的大海。在大溪地落腳前，他曾經居無定所，甚至還在巴拿馬和委內瑞拉之間的沼澤惡地和游擊隊打過交道。

在阿根廷時，我則遇過一對來自委內瑞拉的同性伴侶。他們是最早一批逃離馬杜羅（Nicolás Maduro，委內瑞拉的現任左派總統）政權的專業人士，在阿根廷的海上鑽油平臺當工程師。在黎巴嫩的時候，我的沙發主則是菲律賓人，他在聯合國難民署做高階白領，只要放假，幾乎都會自掏腰包，帶著同在黎巴嫩打工的菲律賓移工一起出遊。

對於這些沙發主而言，開放沙發已經不是為了接觸「外國人」了。在新自由主義浪潮淹沒一切、人員頻繁跨境的年代裡，這些沙發主自己在身處的地方，本來就都是「外國人」。他們之所以開放沙發給陌生人，更多是為了排遣異鄉人的寂寥，而不再只是因為對外國人感到好奇。

儘管沙發衝浪已經變質，但我後來發現，搭便車其實就像移動版本的沙發衝浪，而且是更好的版本——同樣是陌生人的善意，同樣是近乎愚勇般的理想主義，卻毋需「.com」中介，你只要站在馬路邊五分鐘、半小時、兩小時，善意總會路邊停靠，又能帶你寫意馳騁幾公里。

最重要的是，他們都讓我窺見了一段段真實的人生，是一個個世界的入口。可以和這麼多世界短暫相會，是我人生至今覺得最幸福的事情。

現在回看，雖然我們原本只是想在另類的移動方式中找尋樂趣，但最後我們發現，其實公路、地圖和移動本身也能教會我們許多，於是也才有了這本書，希望也推你上路。

所有需要時間的事物，都是迷人的。或許也是因為這樣，我們明知未必有人願意停車，卻仍願意樂觀久等。謹以這本公路上的「民族誌」，紀念這四年來，我們在公路邊等車時虛度的美好時光，也紀念那些曾在路邊等過便車的人們。

行前說明

這本書裡的故事，來自我從二〇一四年到二〇一八年的三次旅行。第一次旅行為期三個多月，我和旅伴從巴西的聖保羅開始，一路南下阿根廷到火地島，再由智利北上，一路經過祕魯、玻利維亞、巴拉圭，最後回到巴西。

第二次便車旅行的起點則是埃及，我們一路經過約旦、以色列、希臘、阿爾巴尼亞、馬其頓、蒙特內哥羅、克羅埃西亞、匈牙利、保加利亞、羅馬尼亞，最後結束在土耳其，大致在歐亞非三大洲的交接處繞了一圈，期間將近五個月。

第三次則是我在雲門舞集流浪者計畫的資助之下前往中亞地區，在烏茲別克、塔吉克、吉爾吉斯一共停留了兩個月。

我們不是「死硬」的便車旅行者，在旅程中並沒有堅持非要搭便車不可。等車時間如果超過四個小時，我們通常都會尋找替代的交通工具。後來我們在谷歌地圖上輸入路線，統計出這三次旅行一共搭了一百三十五趟便車，總里程數則約為一萬三千公里，約略等同於在臺灣環島十三圈，或者相當於臺北到紐約的直線距離。這些數據，和很多搭便車環遊世界、甚至連跨洋航段都只搭「便船」的「死忠便車客」比起來，或許只是小巫見大巫。

不過後來我當起記者之後，依然經常會把搭便車當作一種「進入採訪現場」的方式，比如我二〇一八年在大溪地、二〇一九年在索羅門群島採訪時，便都曾透過搭便車，在人生地不熟的地方找到許多寶貴的受訪者。

本書中〈搭便車的歷史〉一章，來自我於二〇一七年「質疑現代性空間：非正式性與城市研討會」發表的〈公路上的游牧者：搭便車的移動性支持網絡與拓樸式地方感〉；〈維耶德瑪：第十日的遺失〉，是根據旅伴陳昀晨在關鍵評論網上的文章大幅改寫；至於部分其他篇章，則曾在網路媒體「轉角國際」上發表過，但同樣都經過大幅改寫。

三萬五千六百公里的旅程

二〇一四年到二〇一八年，我總共移動了三萬五千六百公里。

本以為旅行總有個終點，但它卻始終沒結束，還在繼續，還在找機會繼續。

以下是我在南美洲、巴爾幹半島、中東、中亞的搭便車旅行路線。

・南美洲——共計一萬七千公里

巴西-聖保羅——**阿根廷**-里奧加耶戈斯（Río Gallegos）——**智利**-蓬塔阿雷納斯（Punta Arenas）——**蓬塔阿雷納斯**-蒙特港（Puerto Montt）／**搭船**／——**智利**-伊基克（Iquique）——**玻利維亞**-烏尤尼（Uyuni）——**巴西**-聖保羅

・巴爾幹半島——共計八千一百公里

希臘-雅典——**阿爾巴尼亞**-波格拉德茨（Pogradec）——**克羅埃西亞**-杜布羅夫尼克（Dubrovnik）——**羅馬尼亞**-布加勒斯特（Bucharest）——**土耳其**-伊茲密爾（Izmir）——**埃爾祖魯姆（Erzurum）**-特拉布宗（Trabzon）

・中東——共計三千公里

埃及-胡爾加達（Hurghada）——**約旦**-國王橋邊境檢查站——**以色列**-本-古里安國際機場

・中亞——共計七千五百公里

烏茲別克-塔什干——**塔吉克**-伊許卡辛（Ishkashim）——**烏茲別克**-索克（Sokh）——**烏茲別克**-塔什干

Part. 1

穿梭公路的人們

Middle East ////// Balkans ////// South Americ

Chapter 1

阿根廷 República Argentina

搭便車不是一件隨機的事

霸氣地伸出大拇指

從阿根廷中部石油大城里瓦達維亞海軍准將城（Comodoro Rivadavia）出發，我們一早就站在市區接上三號公路的路口，雄圖壯志地宣告以遠在南方的里奧加耶戈斯（Río Gallegos）為目標，將標明目的地的紙牌高舉頭上，霸氣地伸出大拇指。

然而車子卻只因紅燈停下，不為我們停留。希望像泡沫，壽命只有五秒鐘——從看見一臺車，到它無情地從我們身邊開過。就在我們等到即將化成雕像時，有人

拍拍我的肩膀，原來是好心駕駛特地來叫渾然不覺的我們。幸福來得太突然，我們趕緊跳上車去。

駕駛是位四十歲左右的阿根廷人，性格開朗，熱情地和我們聊著天。他最近剛和老婆離婚，兒子也不在身邊。公路上車不多，小轎車很快就狂飆到時速兩百公里，他好像在用速度防禦從生活滲出的一點孤單。他邀請我們去家裡吃點心，屋子裡散發著男子獨居的氣味。很多時候，我們就這樣側身閃進別人的日子裡，短暫而突然的相遇畫不出對方生活日常的輪廓，卻能掀開一小角，探見一點線索，就像我們在他的客廳裡瞥見那散落一旁的吉他和音響，默默猜測著他與朋友們在家彈唱的景況。後來，為了讓我們方便找到下臺車，他特別繞路載我們到公路上的卡車司機休息站。離開前他快速遞了份午餐給我們，瀟灑地揮手道別。

所謂的司機休息站，其實就是幾個販售速食飲料的貨櫃屋，散落在方便大貨車停靠的公路上，旁邊黃土漫漫，太陽炙熱又吹著大風，頗像是在大漠中孤立的驛站。某個貨櫃裡的大哥建議我們等到吃飯時間再找司機問，要我們先待在貨櫃屋裡躲太陽。這位魁梧的大哥正在為中午人潮做準備，把一顆顆像炸甜甜圈的麵團丟進油裡，熟練地撈起、擱下，接著順手拿幾個給我們嘗嘗。我們邊吃邊欣賞他俐落的手腳，突然，他拿起桌上的報紙，指著新聞照片中制伏歹徒的其中一名警察，略顯自豪地說：「這個是我。」仔細一看，面罩後的人，身形果然和他一模一樣。警察和小販，兩個我原先以為平行的職業，在他身上交會。他有點哀怨地繼續說著，警察賺的錢太少，只好兼差，現在每天早晚都要工作，沒什麼時間好好休息。

搭上艾斯特班的聯結車

我們沒在休息站等太久，之後順利爬進一輛聯結車的車廂中。

艾斯特班（Esteban）完全符合人們對於卡車司機的刻板印象：六十幾歲的男子，頭髮微禿、肚子略凸、不修邊幅；說話時眉頭緊皺並露出不甚完美的牙，抽菸時抽到最底僅剩菸頭。這位不苟言笑、表情堅毅的硬漢，原本只想在休息站快速打發午餐，卻莫名其妙遇上兩個小鬼頭，竟也就爽快答應帶我們一起上路。可能阿根廷真的幅員遼闊，車廂裡除了尋常的前座外，居然在後方還有一個頗為寬敞的臥鋪；而這有點老舊髒亂的車廂，就是他的移動住所和工作空間，約莫兩坪大，東西應有盡有，能解決一切生活所需，甚至包括泡瑪黛茶（Mate）。

瑪黛茶是阿根廷極為流行的傳統飲料；喝瑪黛茶，需要用即將（但尚未）滾開的熱水分次沖泡，再用專門過濾茶葉的吸管飲用。人們常圍成一圈，邊聊天邊傳遞著杯子輪流喝，和朋友分享的社交功能跟茶葉本身的提神作用同樣強大。

正開著車的艾斯特班，突然從車內櫃子中拿出一臺小瓦斯爐，放上鋁製水壺，便煮起熱水。他繼續老神在在地控制著方向盤，不疾不徐地將茶葉倒在杯中，再輕輕晃動，最後加進尚未煮沸的熱水，完美手工現泡的瑪黛茶，就在卡車依然疾駛前進的同時完成。他吸了一口，再遞給我們喝。不知道邊開車邊泡茶的功夫是不是司機們普遍的拿手技藝，但可以確定的是，阿根廷人和瑪黛茶總是密不可分。不僅是艾斯特班連開車時都堅持要現煮瑪黛茶，平時也會有人不畏夏日高溫依然帶著熱水，或者不嫌麻煩地提著一整壺瑪黛茶走在路上。當我們在其他南美國家搭便車時，總靠著那熟悉的瑪黛茶壺辨認出阿根廷人。

讓阿根廷人顯得特別突出的，不只是那些茶壺。

阿根廷曾經是南美洲最富裕的國家。出身阿根廷的切・格瓦拉（Che Guevara），在他那本莫名賣座的摩托車日記裡面曾提到，當年他們到了隔壁的智利，當地人聽他們是從阿根廷來的，都把他們當作神一樣看待。但阿根廷在二十世紀末歷經了一連串的經濟危機，人均收入今日反而被智利超越，貨幣不斷重貶。

如果想要省錢，跟著阿根廷人走絕對不會錯，他們總是能找到適合的野營地點，東西壞了也會想辦法修到好（非不得已絕不買新的）：在二〇一五年之前的外匯管制之下，阿根廷人為了換美元出國旅行一趟，縮衣節食不說，還得要從長計議，因為就算有錢也不一定換得到美元。嗜喝咖啡的阿根廷人，手邊也往往只有即溶咖啡，又不見得有正規的咖啡機；為了模擬濃縮咖啡的口感，有些人會先在咖啡粉加入少量滾水，然後像打麵糊一樣，用湯匙不斷快速攪拌，直到咖啡粉化成褐色泡沫，最後才注滿熱水，喝起來的口感和味道幾可亂真，堪比人力濃縮咖啡機。

在便車上喝
瑪黛茶。

我不知道這種手工咖啡究竟是阿根廷的古老傳統，還是為了捱過經濟危機的應變之道，但我每次看到阿根廷人在奮力打著咖啡泡的同時，都會感到一種淡淡的哀傷。

不過阿根廷人依舊溫文儒雅，有時又顯冷豔高傲。有個有點哀傷的笑話說，要布宜諾斯艾利斯人自殺最好的方法，就是請他們從自己高不可攀的自尊上跳下來。讓他們經歷經濟危機、陷入貧窮，實在是太難為他們了。我們持續開在三號公路上，穿越廣袤的巴塔哥尼亞，朝向南極直直前進。相對南美大陸另一側智利破碎的土地，這條公路更顯俐落悠長。巴塔哥尼亞指的是南美洲下方的狹長區域，以高原地形為主、人口密度極低，因此放眼望去，除了偶爾跳出的駱馬、野兔，常是空無一人地直達地平線。開著開著，我們偶爾會看見海市蜃樓。漸漸，我們與卡車聚凝成一個小小的、移動的點，駛在這片寂寥與巨大的荒蕪之上。

移動的人生

當我們震懾於巴塔哥尼亞無邊無際的遼闊時，司機們卻正被這看似一成不變的單調景色催眠著。長途卡車司機時常一天工作十二小時以上，除了吃飯睡覺都在開車。疲勞隨著里程增加不停累積，而這條公路格外筆直，車輛又少，稍不注意便會打起瞌睡。艾斯特班習慣每隔一段時間調整坐姿，接著抽根菸或喝瑪黛茶來提神。

我們當然沒有忘記，「不擇手段維持司機清醒」是搭便車的人的義務與責任。我們一會拿出奇異果餵食，一會要他教我們西班牙語，一會又幫他按摩肩頸；不管使出哪種招數，他都會配合地立即恢復精神，再開玩笑板起臉孔對我們說：「如果你們睡著，我就把你們丟下車！」

然而被睡魔抓走的總是他。就在艾斯特班眼皮又快闔上時，我們唱起輕快的臺語歌〈丟丟銅仔〉，「火車行到伊都阿摸伊都丟～」沒想到他竟然歡快地跟著打起節拍。眼見魔音傳腦之法奏效，我們不要臉地也把國旗歌兒歌流行歌都各唱了一輪。在我們央求之下，他也用低沉嗓音哼出阿根廷國歌。就在這殘破又激昂的歌聲中，我們和面惡心善的艾斯特班漸漸熟稔。

如果一個人的住所可視為自我形象的延伸，那艾斯特班的車廂就是他的肖像畫，粗獷又豪邁。車內的每個縫隙裡都塞滿了生活用品，衣服、毛巾、鍋碗、醫藥箱全在他伸手可及之處。地上有花生的皮屑，因為他喜歡抱著一包花生慢慢嚼，搓掉的咖啡色花生皮就丟在腳邊；車窗旁及排檔附近布有菸灰，那是在他順手一彈之後遺落的片狀白灰。如果硬要分成工作和休息區域的話，以駕駛座為界，後方是棉被衣物交疊的單人睡鋪，休息即躺下，躺下即休息。夜晚時，拉上車窗和擋風玻璃的簾子，車廂就瞬間成為室內私人空間，簾幕阻擋隔日清晨的陽光，也遮蓋路人目光。但我猜想，艾斯特班才不會滿意這種分法；對他來說，移動是工作，車子靜止就是休息，所有在靜止後延展開來的活動都能稱作休閒。不過，我們坐在車裡時似乎打亂了這個規則：由於我們的出現，移動也難得變成了一種玩樂。

另一個完全展現他混亂風格的，就是擋風玻璃前的置物架，那上頭有一大疊資料，貨物清單、郵件往來紀錄、廣告傳單，全部散亂其中。那些紙張不是布滿摺痕，就是有飲料灑過的痕跡。然而，裡頭夾雜了一個透明資料夾袋，乾淨得有些突兀；夾袋中放著一張六歲女孩的照片，艾斯特班心愛的孫女在裡面甜美地笑著。

「好漂亮！」我們誠心稱讚。

艾斯特班拿出手機，快速找到孫女的照片和一段在遊樂園玩的影片，開心地和我們分享。他的表情太過柔和，和千萬個祖父的慈祥臉孔融在一起了。

「你們有兄弟姊妹嗎？爸媽是做什麼的？」

他對我們的家人非常好奇，對我們跑到這麼遠的地方、用這種方式旅行也很不解。我們調皮地回他，這樣玩才會遇到你啊！

幾乎所有跟卡車司機相處的俗套腳本中，他們都會提到那些分布各地、性格殊異的情人們。艾斯特班也有他對每個城市特殊的情感連結，不過，那更多是關於家人——大女兒在布宜諾斯艾利斯，二兒子在布蘭卡港，前妻在皮科特倫卡多。公路串起城市，也連向他的家人。移動的家屋是我們對流浪生活的浪漫想像，卻是他為求經濟收入的一種妥協。開車上路能供給家用，然而長時間離家的生活型態也阻隔了他的家庭生活。現代的通訊設備雖然能彌補距離上的疏遠，但他偶爾還是會想念一群人待在同個空間中的煩臭吵鬧。

一路上，長輩式的叮嚀沒有少，也有許多靜默無語的時刻。十一個小時過去，往南開了將近九百公里，我們終於在晚上快十點時抵達目的地。下交流道後，我們看見久違的點點燈火，天色已晚。

「你們住哪？要送你們到哪裡？」

「我們搭帳篷，路邊放我們下車就可以，謝謝！」

但艾斯特班沒有許可我們的帳篷計畫，邀我們在他車上過夜。

一聯結車旁的小廚房一

聯結車在市區的道路上更顯龐大，車頭後方，還載了六輛小客車，像一頭背著幼獸的巨型怪物，但它可不笨拙，在艾斯特班的操控下，左穿右插，進退自如。為了趕在家樂福十點關門前進去，艾斯特班再次展現精美神技，突然急煞往路邊停靠，正好卡進空位，靜止，熄火，下車。沒浪費一秒鐘前後挪移、來回顧盼，聯結車在他手裡就像臺小轎車。

我們接著衝進家樂福，好像在參加什麼綜藝節目，要在限時之內花最少的錢採買好晚餐食材，六十、五十九、五十八……時間開始倒數。我們在陌生的賣場裡東奔西跑，沒時間商討戰略，十、九、八……艾斯特班拿了血腸、油，我們抱著洋蔥、麵包和蛋，就跑去結帳。直到此時，我們都不知道買了這些食物要在哪裡煮，難道有宿舍？有廚房？

隨後，他載我們到一間頗具規模的加油站，那裡不只能加油，還有廁所、速食餐廳和便利商店，後方另闢一區為卡車過夜處，好幾輛貨車已經停在那，司機們在車的夾縫間聊天打屁。停好車後，艾斯特班翻箱倒櫃搬出瓦斯爐、鍋碗、菜刀、洗潔劑……

答案揭曉：這頓晚餐將在夜色之下、聯結車邊，露天完成。

我們蹲在輪胎旁，一人舉著手電筒，一人洗菜，一人切菜。飢餓的胃腸吩咐腦子忘掉食譜、忘掉步驟，所以那些極不工整也未必衛生的食材就一下子全被丟進鍋中，開始胡亂拌攪，有油加油，有鹽加鹽，沒有原則，只求溫飽。

晚上風大，我們趕緊拿紙板擋在瓦斯爐邊，讓一閃一閃的火苗得以熊熊燒下去。風從不合身的大外套竄進身體，也把熟食的味道吹到鼻尖。我們興奮地圍著瓦斯爐上的那鍋「親子丼狀血腸」，顧不了腿痠，更顧不了它嘔吐物狀的模樣，配著麵包，輪流開吃。

現在回想起來，那鍋食物談不上有什麼滋味，當時只覺得放在嘴巴裡燙燙的，很快就被我們吃得一乾二淨。急匆匆忙完這一陣，吞下最後一口後，有種完成偉大任務的驕傲感，我們和艾斯特班相視而笑，笑自己的笨拙，也笑今天好滿足啊！

飯後，我們跑去加油站的洗手間裡洗漱。當我們走回車上時，原先散置的零食、雜物全都消失不見，原來艾斯特班已經將兩個前座用布和毛巾覆蓋好，試圖鋪成一張「床」。我們直道謝，準備躺下時，他卻朝後方揮揮手，要我們睡在他後座的睡鋪上，自己則爬上他剛剛臨時創造出的「床位」。半夜寒風從窗戶灌進，我們不時聽見睡前座的他在咳嗽。生平第一次在卡車上過夜，雖然我們躺在軟軟床墊上，但其實睡得不算安穩，因為心裡又感激又難受。

告別，最害怕的時刻

隔天一早，沒有陽光照射，下車就感覺刺骨的冷。我們在加油站的小賣店買了一份早餐送給艾斯特班，他起初不願收下，要我們答應一起分享那個套餐裡的可頌，才感激地收下那杯熱咖啡。相較前一天，我們的互動少了許多玩笑，臨別前大家都有點不知所措。艾斯特班這天要往北開回布宜諾斯艾利斯，而我們則要往智利前進。我們留了他的電話地址，和他在聯結車旁拍了幾張合照，他的臉色異常嚴肅。

也許是吃喝玩睡的密集相處，也許是命運冥冥之中牽引的神祕緣分，我們和他認識不過二十四小時，卻有著一份清淡而明晰的親密感，不像情人般濃稠，也不像朋友間平視自在，最相似而能類比的，也就是家人了吧。我腦中胡思亂想。在他不常見面的家人面前，他都以哪種形象示人？是遇到其他司機聊天時的豪邁模樣？還是果斷收留我們的陽剛硬漢？或者就是那給我們看他可愛孫女照片時，充滿柔軟細膩情感的爺爺？

我們把背包從車上搬下，艾斯特班在一旁像爸爸般耳提面命，哪條路比較適合搭便車到智利，哪裡可以買便宜衣物。我們接著又聊了等下午餐要吃什麼、他今天要開多久，試圖拖延、但終究避不開的離別時刻。

我害怕這種場面。

最後，我們分別和艾斯特班緊緊擁抱。我們的西班牙文不夠好，只能用力、用雙臂停滯的時間表達心中的感謝。抬頭正要開口道別時，只見他眼淚竟然已經沿著臉上深邃的皺紋，嘩啦啦地落下，厚實的手在不停擦拭淚水和揮動說再見間來回。

搭便車看似隨機，但要真能快而安全地搭上，不能單憑運氣，是富含技巧及智慧在其中的。然而，能遇到艾斯特班，沒有祕訣，全屬幸運。

突然又想起合照中壓抑情緒、面色凝重的他。希望他在巴塔哥尼亞的三號公路上一切都好，偶爾也能再遇到像我們一樣搭便車的人，在駕駛座旁陪他說笑煮茶。

Chapter 2

土耳其

Türkiye Cumhuriyeti

最適合搭便車旅行的國家

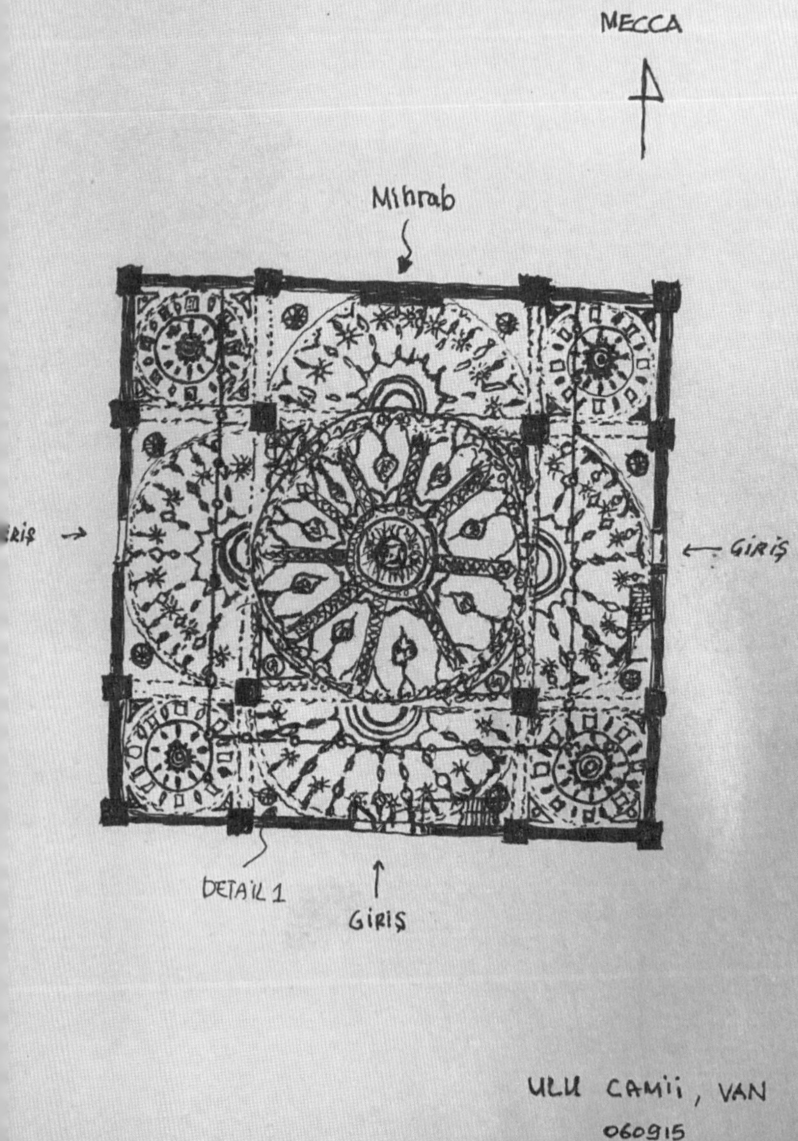

MECCA
Mihrab
GİRİŞ
GİRİŞ
DETAİL 1
GİRİŞ
ULU CAMİİ, VAN
060915

在伊斯蘭國家搭便車時，為了躲避正午烈日，經常會躲在清真寺裡休息，意外記錄下了許多伊斯蘭建築的裝飾花樣。

在歐亞陸橋上前行的感覺實在太神奇了。

輪胎旁的流水席

歐亞陸橋

如果要我們列出這世界上最適合搭便車的國家，那麼毫無疑問地，土耳其絕對是第一名。誇張點說，我們幾乎是先認識了土耳其卡車司機，才開始認識土耳其這個國家，因為當我們還在東歐和巴爾幹地區時，就已經有大半旅程是被土耳其的卡車司機撿上車的。

土耳其是歐洲與亞洲間的陸橋。所有從西亞、中東運往歐洲的貨物幾乎都要經過土耳其，貨運業因此在土耳其成了一門熱絡的生意。那些卡車司機像一群日日夜夜工作的工蟻，馱著笨重的貨櫃，沿著相似的路線前進，來回織起歐亞間綿密的物流網絡。

如果你事先探聽好土耳其卡車慣常使用的路線，再依卡車路線規劃旅遊行程，搭便車簡直比搭巴士還有效率。除了卡車司機之外，從巴爾幹半島往土耳其的路上我們也常常遇見德國車牌的小轎車。初見這些德國車牌時我們還想，德國人自駕度假真是不辭千里；直到真的搭上一輛德國車牌的便車後，我們才發現這些車子的駕駛，其實多半是已經移居德國，正要返回故鄉的土耳其人。

但我們還是更愛卡車。遇上卡車司機的另一個好處是，你可以順道觀察各種物流內幕，比如哪些地區需要哪些貨物，而政治版圖與市場偏好，又如何影響著卡車的行駛路線。

除了趕著將各色風土佳餚送往歐洲核心供德國人、法

國人在餐桌上大快朵頤之外，這些貨運卡車本身就是一個個流動的饗宴。尤其土耳其司機長途駕駛，三餐有大半要在公路邊解決，要麼消受不起西歐高昂的物價，要麼熱狗漢堡不合胃口，所以個個都帶了簡易但俱足的廚具和食材在車上。

土耳其作為歐亞陸橋可不是一天兩天的事而已。在歷史上，這裡早就是商隊的必經之地。除了商人之外，這裡還有許多穆斯林把前往麥加朝覲當作畢生志業。或許正因為移動是土耳其人的家常便飯，在路途中野餐的習慣，彷彿早就已經深深地嵌在土耳其人的基因之中。

輪胎旁的流水席

從保加利亞前往土耳其邊界時，我們搭上了土耳其司機穆罕默德的卡車。他從德國出發，背後的貨櫃裡滿載貨物浩浩蕩蕩地橫越歐陸，目的地是伊斯坦堡。遇上我們的時候，他幾乎已經抵達家門口，再往前一百公里就是土耳其的邊檢站。突然，他在路邊停靠，然後示意我們尾隨他下車。

我們一起走到貨櫃車的右後側，然後看著他熟練地將貨櫃下的一個小箱子打開，裡頭有各種食材、飲料、餐具、廚具、清潔劑、瓦斯爐，甚至幾把凳子。大概是因為假期指日可待、心情飛揚，或者反正隨車帶著的食材回到伊斯坦堡也用不上了，又或者這本來就是他日常例行的午後小確幸，他將小箱的鐵蓋放平，充作餐桌兼料理臺，開始為我們精心準備一套標準的土耳其式下午茶。於是我們和他一起享用了加了方糖的滾燙紅茶、蜂蜜奶油烤吐司、羊乳酪配醃橄欖，以及奢侈的奶油炒蛋。

飽餐一頓後，我們繼續上路。但沒多久，卡車又在邊界前五公里處停下了。穆罕默德聳聳肩，告訴我們所有貨車都必須在邊界停車受檢，排隊等上六個小時是家常便飯。

不愧是歐亞路橋。

趕時間的我們別無選擇，只好下車徒步走向邊界。夕陽下，我們經過無數臺卡車；幾乎每個在路邊「設宴」的司機都要我們停下腳步，喝完一杯土耳其紅茶再走。我們注意到，每個貨車司機都準備了三張凳子在車上，或許就是為了在排隊等待過境時，方便前、後輛的卡車司機加入喝茶談天。那些卡車司機或者精心、或者隨意的鋪張，桌桌菜色不盡相同，像場輪胎旁的流水席——我們移動，菜也跟著車移動。

到邊界短短的五公里，最後花了我們兩個小時才走完；還沒抵達，我們就已經先被土耳其人的好客給寵壞了。這真是我見過最有飽足感的邊界。

後來我在一本關於鄂圖曼料理史的書上讀到，以前鄂圖曼帝國的旅人，本就習慣帶著各種廚具上路，其中包括「縮小版的銅製大鍋、平底鍋和咖啡壺，而且每個鍋子都可以剛好放進另外一個鍋子之內、層層疊疊，甚至還有可拆卸或可折疊的把手，以便節省空間」。此外，馱貨的馬背上還會有銅罐，裡頭可以裝奶油、蜂蜜、橄欖、小黃瓜、葡萄乾、洋蔥、優格、乳酪……，彷彿又讓我看到了穆罕默德在貨櫃車底藏著的那個小箱子。

和我們在阿根廷遇到的艾斯特班相比，土耳其人在路邊煮飯時顯然認真許多，真不愧是全世界最擅長邊走邊吃的民族，每一餐都不願馬虎。

進入土耳其之後，這些在歐亞路橋上辛勤來回的貨車司機依舊待我們不薄。從土耳其觀光勝地棉堡往中部的湖區挺進時，我們遇上了伊布拉欣的小貨車。難得搭上不是超大型貨櫃車的便車，我們難得不用扛著背包、揣著帳篷，辛苦攀上貨櫃車的前座。

遇見商人伊布拉欣

伊布拉欣從馬馬拉海畔的大城出發，一個人載著滿車的汽車後視鏡向東開進安納托利亞高原。他像個鄂圖曼帝國時代的商人，帶著要賣的東西沿著公路親自拜訪經營汽車修理廠的客戶，送貨之餘兼搏感情。

和所有土耳其司機一樣，伊布拉欣也問我們最喜歡土耳其哪些地方。如果回答其他地方，他們總會反問：「那你去過伊斯坦堡了沒？」於是後來我們乾脆總說是伊斯坦堡，他們聽了便會滿意地點點頭，大聲附和，好像在說：「是了是了，當然是伊斯坦堡了。還有可能會是別的地方嗎？」於是我們在反覆來回之間學會了能夠取悅他們的標準答案——不過離實情也不算距離太遠，我們當然很喜歡伊斯坦堡。

對於土耳其人而言，要不喜歡伊斯坦堡，那簡直是不可置信的事。土耳其人至今都還在慶祝從拜占庭人手中奪下伊斯坦堡，花錢拍征服伊斯坦堡主題的電影。我們在土耳其的時候，連「紀念鄂圖曼帝國攻下君士坦丁堡五百六十二週年」這種不是整數的奇怪年分，居然都有大得不符比例原則的慶典。

被奪走首都的拜占庭人當然好過不到哪裡去；就連有些現代的希臘人，至今都仍心心念念著過去的君士坦丁堡。希臘電影《香料共和國》，講述的就是這樣不甘而眷戀的故事：一個因為土希雙方進行人口交換而被驅逐出境的希臘裔土耳其人，一直沒有抽空回到他成長的伊斯坦堡。有次他總算回到這座城市找回初戀情人，卻發現她已有家庭，而且即使婚姻並不幸福也無法拋家棄子，重新回到他的懷抱。

有些人或許會覺得這部電影的橋段是個簡明的隱喻：主角像是整個現代希臘眷戀過往的集體意識，而女主角只不過是他們本來應該享有的君士坦丁堡而已。如果過分簡化地看待伊斯蘭文化，甚至還可以這樣解讀——希臘人在嘲諷看似現代、向西方文明靠攏的土耳其終究不過是個贗品，女性還是被困在家庭和保守伊斯蘭價值的束縛中，無緣勇敢面對自己真實的想望。

但愈往東走，我們距離榮耀的伊斯坦堡也就愈遠，車窗外的景色也愈顯荒涼。

在伊布拉欣的貨車裡，我們巡迴了安納托利亞高原中部許多不知名的湖邊小鎮和工業區。雖然我們只能用基本的土耳其語和英語與他溝通，卻一起分享了一包洋芋片、一瓶能量飲料、半袋堅果葵花籽，還有五個小時的公路風景。

他聽說我們要去湖邊那個最美麗最知名的小鎮厄立迪爾（Eğridir），便用食指戳戳方向盤、然後再指向前方：「我也一起去吧。反正明天是星期天，汽車廠都休息，我也跟你們去度假。」

最後小貨車在天黑之前沿著曲折的山路滑進這個湖畔小鎮。我們費了一些時間找到了一間老房子改成的旅店，在窗邊聽著拍在湖岸上的波浪聲入睡。

在驛站

厄立迪爾曾是一個在兩個字母之間袪除厄運、在兩個季節之間交換生計的小鎮。在土耳其人的統治之下，這裡的名字從希臘文的「Akrotiri」，變成土耳其文的「Eğridir」，意思是「彎曲的」。不知道為什麼，土耳其人覺得希臘名字有點不吉利，於是在一九八〇年代，又改成今日的「Eğirdir」，只低調地更動了兩個字母的順序。這裡每週四都有市集，而八月至十月間的十個週日，住在山上的村民也會來這裡賣東西，然後再購回冬天用的東西。搭便車旅行的我們，只能由衷感謝這些在來回奔波之中百無聊賴的商人和馱夫們，願意帶著我們同行一段路途。

「旅」這個字，在從前經常只帶有「移動」的單純含義；這個不帶感情的意象，今日或許還殘存在「商旅」、「旅次」之類功能性的用語之中。不管怎麼說，在交通不方便的年代裡，「移動」這件事大概真的很難讓人產生愉悅的情緒。直到「遊」這個字開始被加在「旅」後面之後，「旅」這個字才終於看起來有些玩意，也不再痛苦折騰或顛簸崎嶇。但移動的過程還是很少被人當作是旅行樂趣的來源，而只是一個無可避免的過程。

在帝國時代，土耳其曾有許多給商人歇腳的驛站。這些驛站和公路架起了帝國的軀幹，卻也隨著帝國被支解而逐漸消失。今日倖存的或者成了博物館，或者變作文創園區之類的場所。

但在這個小旅店裡，我還可以想像自己是鄂圖曼帝國的商人，在某個高原上的驛站裡卸貨脫鞋、狼吞虎嚥、換衣沐浴，而車庫裡還有我們明天要載去賣的汽車後視鏡，一箱一箱地安穩堆著。

世界上最愛喝茶的民族

土耳其人大概是世界上最愛喝茶的民族。

雖然可以用來算命的土耳其咖啡在海外享有不小名氣，但實際上茶才是土耳其的國民飲料。根據統計，每個土耳其人平均一年會喝掉超過三公斤的茶葉，比起第二名的愛爾蘭人，足足多出了百分之四十四。從日出到日落，從辦公室到湖畔草地上的野

和卡車司機
喝茶去。

餐，土耳其人彷彿永遠都在喝茶。

茶在土耳其人日常生活中的重要性，當然不只呈現在統計數字上而已。初次造訪土耳其的遊客們大概也都會對街邊的茶館印象深刻：殷勤送上熱茶的服務生，形狀如鬱金香花的玻璃茶杯，與茶量不成比例的方糖（服務生總問，要幾個方糖？），以及茶館裡湧動的熱絡氣氛，一切都令人目眩神暈。

沒有「她」的土耳其茶館

我們在土耳其中部時曾經遇上一個卡車司機，他或許因為好客、又或許只是因為長途駕駛需要休息，在一個鄉間小鎮的茶館前停車，邀請我們一起下車喝杯茶。

帶領我們走進茶館時，卡車司機先是在空蕩蕩的茶館四處張望，然後對著我們說：「還好沒什麼客人，也還好你們一起出來，不然我還真的不知道怎麼帶妳來這裡。」他口中的「妳」，指的是和我一起搭便車的旅伴。原來在土耳其，女性光顧這種傳統小茶館，是件奇怪的事。

坐定後，司機跟送茶的小弟要來三杯熱茶，為我們驅除高原上的寒氣。我們圍著桌子用簡單的土耳其語，和司機說明我們如何從土耳其和保加利亞的邊界，一路搭了兩個禮拜的便車到這裡。離開茶館前，我的旅伴去了一趟洗手間，回來以後她有點困擾、又有點興奮地和我說，茶館裡「果然」連女廁都沒有。

乍看之下，茶館還真的是只有男人會來的地方。他們為了各種理由來此：看報、打牌、聊天、與朋友見面，有些甚至只是兩個行程間的空檔無處可去，便來茶館報到了。但無論如何，這裡都專屬於男人。不管是老闆、跑堂小弟，還是來此消費的顧客，清一色地全是男人。

就空間形式來說，傳統土耳其茶館的空間通常不是一個能讓女性感到舒服的環境。有時候，茶館裡的桌椅會擺得非常侷促，桌子也不是太大，除非有認識的男性同伴在旁，否則女性在這裡很難避免跟鄰座的陌生男人有肢體上的接觸。有些比較簡陋的茶館裡會使用較低矮的塑膠桌椅，女性要在這些貼近地面的椅子上維持「端莊」姿勢，也不是件容易的事。對於男人來說，這個可以放鬆心情、卸下心防，拉近彼此距離的座椅高度和桌椅配置，卻可能讓有些女人如坐針氈。

除了室內之外，茶館通常也會在店門口擺上一排椅子，以面向街道的方式排列；天氣好的時候，這些「露天雅座」頗受客人歡迎。椅子位於街道上、甚至全部面向街道，讓使用者視線得以向外（而不是面對面坐著），大概也意味這是一個「凝視者」的位置，可以自在地看著街道上來往的行人。對於以伊斯蘭教作為文化基底的土耳其來說，這些座椅通常也是專屬於男人的。

毫無意外地，司機婉拒了我們買單、請他喝茶的提議。他匆忙而篤定地將鈔票塞給跑堂的小弟，彷彿我們的好意冒犯了他。可惜司機的目的地是地中海岸，而我們則要繼續向高原東部走，沒有辦法跟著他的貨車前進太遠，最後他把我們放在貝雪希爾（Beyşehir）湖畔的同名小鎮，就繼續往安塔利亞的方向開走了。

長途巴士司機澤其

我們沿著湖邊的小路向鎮上走，正好是日落前陽光最溫柔的時候。岸邊有把握陽光玩耍的孩子，還有枯木在染滿暮色的湖面上投射奇幻剪影。我們捨不得湖景，走得很慢，最後在黑幕完全籠罩天空之前才抵達埃許雷佛陸清真寺（Eşrefoğlu Cami）。埃許雷佛陸清真寺建於十三世紀，是安納托利亞高原上保存最完整的塞爾柱（Seljuk）清真寺，也是這個沒什麼知名度的小鎮最自豪的觀光景點。塞爾柱時期的清真寺與一般人印象中的土耳其清真寺不同，受拜占庭風格影響較小，所以沒有大穹頂，也沒有宏偉的室內空間，只有古樸的木製廊柱和平頂的天花板，寺內帶點壓迫感的空間，竟和茶館有些相似。

我們吃過自己帶著的乾糧後在清真寺後方找到合適的紮營地點：一輛大型遊覽車和草叢之間的縫隙。那個縫隙很窄，卻剛好足夠容身，在遊覽車和夜色的巧妙掩護下就算路人經過，也很難發現我們。

漂泊時，最開心的莫過於找到容身之處。帳篷圍塑的空間疆界明顯、範圍固定，而且還可觸可控，相對於移動的不定，總能帶給我們安全感。這種可以快速搭建、也可以快速拆卸的安全感，也許就是我們如此著迷這種旅行方式的原因。我們一邊得意自己居然

找到這麼巧妙的遮蔽，一邊喜孜孜地搭起帳篷，然後鑽進帳篷裡倒頭就睡。

可惜掩護固然巧妙，但終究並不可靠。隔天一早我們被轟隆隆的引擎聲吵醒，趕緊爬出帳篷，才發現遊覽車正要緩緩開走，而我們的帳篷也少了掩護，在光天化日之下接受路人打量。

我們有點難為情地收拾好帳篷，扛起背包往小鎮邊緣走。

沿著聯外道路走了半小時之後，我們終於抵達通往科尼亞（Konya）的十字路口。在搭便車比搭計程車還方便的土耳其，我們每次攔便車都會計時，期待著不斷刷新最短等車時間的紀錄。那天早上我們的紀錄是三分鐘。為我們停車的光頭大叔，當時正要開車去科尼亞的汽車保養廠。

大叔的名字叫澤其，平時是一個長途巴士司機，經營不少副業，是個成功的商人。他在衣索比亞擁有大片農園，經商的足跡還到達過蘇丹和烏克蘭，幾年前又開始經營土耳其到聖城麥加的巴士路線，載送穆斯林前去朝覲。後來蘇丹和烏克蘭相繼陷入內戰，而土耳其通往麥加路上必經的敘利亞也成為國際強權角力的戰場，他自嘲自己是個掃把星，人走到哪，戰爭就打到哪。有次在敘利亞，澤其親眼目睹一輛近在咫尺的巴士爆炸，逃過一劫的他決定從此不再做朝覲的客運生意，改從麥加運聖水過來給那些「迷信」的穆斯林喝。

「我自己才不喝。不就是水嘛。」澤其市儈地笑著，或許和鄂圖曼帝國過去的統治者有點相似。據說有些土耳其蘇丹不是虔誠的穆斯林，一邊宣稱自己是穆斯林世界的哈里發共主，一邊卻又籠絡基督徒和東正教徒，甚至會在皇宮裡偷偷喝酒，總讓人搞不清楚他們到底是兼容並蓄，還是精巧世故。那些蘇丹也掌控了通往麥加朝覲的路線，成為聖城和朝聖者的保護者——還在做朝覲客運生意時的澤其，大概也能如此自居。

我們原本沒有打算在科尼亞這座城市停留太久，吃過午飯後就繼續搭便車向東。沒想到，澤其隔天正好就要開遊覽車載學生去卡帕多奇亞（Kapadokya）校外教學。

「不如我現在載你們去科尼亞逛逛，晚上你們回我家住一晚，隔天再搭我的巴士過去吧。」

於是當天晚上我們又回到了貝雪希爾，只是這次我們不在清真寺後面找掩護，而是住進了澤其在湖邊的家。

澤其自豪地向我們展示客廳，要我們放心休息，然後就轉過身去、收起笑容，吩咐妻子準備晚餐。雖然澤其從來不上清真寺做禮拜，但妻子朵朵卻像土耳其鄉間的其他女性一樣，只要出門必戴頭巾。

也難怪澤其如此好客地邀我們回家。從頭到尾，真正為了接待我們而忙進忙出的其實是他的妻子。澤其只要口出指令，朵朵就為他在餐桌上多變出兩人份的晚飯，在客廳地板上安頓好兩張舒適的床褥。朵朵什麼都沒說，總是微笑地向我們表達善意，但我們卻暗暗覺得不安，好像自己的唐突到訪只是加重了她的家務負擔。

相較之下，澤其才剛上小學的兒子歐古茲（Oguz）更像二號主人。歐古茲還有點嬰兒肥，面對我們兩個陌生人，他雖然起初有點害羞，但習慣之後便像爸爸一樣癱在沙發上對著電視機目不轉睛，像是我們不存在似的。

隔天吃早餐時，澤其說校外教學的行程延後一天，但他可以帶我們在鎮上晃晃。飯後我們坐在車裡看氣氛衰頹的村子，很快就發現，澤其可能是整個村子最體面的人。他的獨棟房屋嶄新氣派，遠離其他親戚鄰居；他經常在國外遊走，藉此避開湖區冬日的寒凍；他不斷買入新的轎車，最新的就是前一天我們在路口搭上，準備要送去保養的那輛。

不管我們一起走到哪裡，澤其都會興奮地向別人介紹我們，熱情地用他不算流利的英語為我們充當翻譯。頻繁出國的澤其一直都是這個村子、這個鎮上，少有的對外窗口——而澤其似乎以此為榮。

經過湖邊的沼澤地後，我們的目的地是村子裡的烤餅坊。烤餅坊供應全村日常所需，卻只是個簡陋的泥屋；如果整棟泥屋都被放進某個民俗博物館裡，或許也不會讓人覺得意外（可能裡面還會有幾尊蠟像）。在泥屋裡工作的三個女人都是澤其的姑媽，有人負責揉麵團、有人負責把麵團攤平放入烤爐，汗珠從她們布滿皺紋的臉上涔涔滲出。我們獲得了兩片剛出爐的麵餅，配著有點酸臭的乾酪，一邊咀嚼一邊想像那就是「前現代」的味道。

又見茶館

下午，我們繼續跟著澤其和朵朵去親戚家串門子，順道吃了兩頓土耳其式的下午茶。我們用簡單的土耳其語搭配地名和大家解釋我們的便車旅行，在場的女性都露出了匪夷所思的表情看著我們。聚會結束後，澤其又帶我們去了他在鎮上的辦公室，見識他口中那些遠從麥加而來的聖水。

大概是想不到還可以帶我們去哪裡，又或者只是他習慣喝茶的時間到了，我們最後還是進了一間茶館——雖然一整天下來，我們早就已經喝掉至少十杯熱茶了。這次，茶館裡倒是很熱鬧，坐了不少談天說事的男人。

就空間功能來說，茶館是個不折不扣的公共空間。男人來此交換生活經驗，對政治情勢或時事發表意見，而負責打理家裡的女性卻不屬於這個公共領域。澤其說，有時候他覺得在家裡坐不住了就會來這裡報到，畢竟家裡白天還是「女人的地方」，來了茶館才能讓他放鬆心情。

澤其帶我們來的這家茶館裡，牆上還掛著土耳其國旗和國父凱末爾的肖像；和父權體制高度關聯的國族主義在這些陽剛的茶館裡成為外顯的符號，實在很難讓人覺得只是巧合而已。

一穆斯林的性別空間一

空間帶有的性別屬性，在穆斯林社會似乎總是特別外顯。比如說，同樣是做菜這件事情，如果在家裡做，那幾乎毫無疑問就是女人的工作；但如果是在戶外，就得輪到男人捲起袖子。

我們曾經搭到一群土耳其大學生包下的廂型車，當時他們正要去某個公園野餐，於是順勢邀請我們加入。下車後，女人只是聚集在小屋子裡聊天，而劈柴、生火、備料和烤肉這些事情，則從頭到尾都只由男人進行。在我們看來，烹飪這件事情本身在土耳其並不帶有性別的刻板印象，真正和性別角色有關的其實是空間。話說回來，搭上便車後被載去一起野餐這種事情，我們在土耳其遇過不只一次，只能說土耳其人真的很喜歡野餐。

看著茶館裡談興高昂的男人們，我突然想到，前幾個月在伊斯坦堡待了兩週，怎麼就沒有對那裡的茶館留下什麼印象。但仔細回想，伊斯坦堡當然也有茶館，只是那裡畢竟是土耳其面向世界的門戶，又是土耳其世俗主義支持者的大本營，氣氛較為開放，諸如咖啡館、甚至酒吧之類的公共空間更為多元。相較之下，專屬男人的傳統茶館就不如鄉下來得醒目，多半位在舊城區的市場角落或者城郊。

朵朵當然沒有跟著我們一起到茶館來，而是繼續去拜訪鎮上其他朋友。少了妻子在旁的澤其更加口無遮攔，開始聊起他到處趴趴走時在許多地方結識的女人。講起這些女人，澤其不只不覺得有什麼好避諱，反而還顯得十分得意。有次他在其他地方相好的女人找上門了，朵朵氣得要鬧家庭革命，最後動起拳頭把那女人趕走。澤其一邊形容朵朵憤怒的樣子，一邊舉起手臂在空氣中揮舞，「你們知道拳擊嗎，就像拳擊那樣」。

看著澤其揮舞著手，我不禁想起我的父執輩們。他們在一九六〇年代的城鄉洪流之中離鄉打拚，前腳剛踩上城市的柏油路，後腳卻還站在農村的泥地上。臺灣經濟起飛之後，他們的自信也跟著衝上雲霄。他們無法以外國語言流利對話，卻可以信手拈來幾個外語單詞讓你見識他的見識。他們很土，卻又總能在其他各種物質成就的應援下，有點賭氣、有點底氣地張揚地土。他們的背後，也總有個女人在家裡洗衣燒菜，對偶爾入侵家庭的其他女人憤怒強硬。

隔天早晨，我們終於搭上遊覽車，重啟我們延宕了兩天的旅程。旅行這麼久，我們什麼便車都搭過，但校外教學的遊覽車，還真的是頭一次遇到。

車子上路後，我們在滿車學童的喧譁之中隔著玻璃窗回望這個我們意外待了兩天的小鎮。現在回想，依然無比懷念這個在地表上積聚湖水的美麗裂縫，以及我們緊湊便車行程中難得的悠閒間隙——當然，還有澤其這位跨在裂縫上意氣風發的中年大叔，以及他背後那些總守著麵包爐和廚房，但就是不會出現在小茶館裡的女人們。

Chapter 3 智利 República de Chile

五號公路上的百年孤寂與非法占地

那天，耶克多一如往常地開車回家。才開始不久的獨居生活，比想像中難熬些，所幸有兩個多月大的幼狗陪伴，牠是那樣黏人；晚上有牠窩在身邊一起喝啤酒看電視，日子似乎就能滑順地流過。

擔任風力發電工程主管的他，為了負責新專案，移居到位於智利中部海邊的小村子「烘爐灣」（Caleta Hornos），日子和遼闊筆直的海平線一樣平淡。最近他在前院弄起花園，為粗糙的單身漢住處增添點情調，望向窗外不再只有海的藍。

他其實並不排斥生活被工作填滿，即

使下班後手機照樣不時響起，任由雜事打擾。就像他看見我們站在烈日下，被沙土噴滿臉還繼續舉著大拇指，就馬上停下車一樣：多個事件，少點空檔，有益而無害。所以，那天耶克多比平時多帶了兩個人回家。

同一天，葛拉迪絲帶著女兒從科皮亞波（Copiapó）驅車南下，花了兩個多小時才抵達烘爐灣，雖然嘴裡唸著長途駕駛讓她腰痠背痛。學校那邊已經開始放耶誕假期，不願女兒放假每天關在家裡看漫畫，又惦記著一個人生活的弟弟——耶克多。不論怎樣，有家人陪在身邊的，才是像樣的耶誕節。

果不其然，弟弟的居家空間缺乏照料。葛拉迪絲暗暗嘆了口氣，把從超市裡買來的耶誕擺飾掛滿屋內，甚至連新的紅紅綠綠的馬桶座墊套都備齊了。安裝妥當後，她打開廚房裡的冰箱，然後皺了皺眉，決定再到村口的小雜貨店做些採買。

剛要結帳，身後突然有人叫喚她的名字。原來是耶克多——還有兩個黃皮膚的陌生人坐在車裡。趕緊接過老闆找回來的錢，一邊開車門上車時，她一邊心想：老弟又帶「朋友」回家了。

地圖上沒有的目的地：烘爐灣

就這樣，烘爐灣跳入了我們的旅程，而不只是公路邊我們呼嘯而過、連谷歌地圖都不會標出地名的無數村莊之一。我們，也因此成為了耶克多和葛拉迪絲的「新朋友」。

智利是我們在南美洲唯一「完全走透」的國家——實際上我們也別無選擇，在領土狹長的智利，從最南端的那塔勒絲港（Puerto Natales）前往祕魯，如果不走空路，就絕無可能跳過智利的任何一個行政區域。

我們在國土狹長的智利一路向北奔，奔過了寒冷雪山，奔過了淒美峽灣，奔過了荒蕪沙漠，奔成了一堂五千公里的實境地理課。從南到北，我們跟著貨車背後載的貨物，逐一細數了智利那些跟氣候型態一樣多元的物產：酪農業、林業、礦業，以及走到哪裡都有的漁產、水果與葡萄酒。

相較之下，烘爐灣所在的區域，反倒一點都不像智利。從這裡向北，是冒油產礦的荒漠，往南則是首都圈；夾在中間的這裡，顯得什麼都沒有。村子裡，鬆散的房屋鋪在荒禿的緩坡上，有點昏沉地夾在公路和海灣之間，像從馬奎斯的《百年孤寂》裡冒出來的聚落。

在耶克多家放下行李後，我們去了海邊散步。前面溫暖的太平洋、背靠褐色高聳的山脈，觸目所見是度假式的地景。但實際上，這裡完全沒有讓人想要放鬆看海的氣氛：海灘上有笨拙行駛的大卡車，還有像是永遠不會完成的工程，只有大得驚人的海鳥願意停留。

烘爐灣。

回到住處，耶克多不見蹤影，卻在桌上放了雞蛋、麵包、即溶咖啡粉、一個盛著沙拉油的平底鍋，以及一張寫著「朋友，自己弄點吃的吧」字樣的紙條。於是我們煎了蛋，又用自己帶來的酪梨做了沙拉，等著耶克多一家人回來，和我們一起開那瓶從中央河谷一路扛過來的夏多內葡萄酒。

芭歐拉是葛拉迪絲四十二歲時才生下的寶貝女兒，今年剛滿十五歲。雖然中部的氣候，遠比自己在沙漠城市的家舒適，但這個年紀的孩子，在假期中需要的是穩定的網路或豪華購物中心來對抗無聊，而這兩者，剛好都是這座小鎮所沒有的。或許，這解釋了我們進門時，她毫不掩飾的興奮之情。她的個性如同母親和舅舅般鮮明，少了青春期少女常有的扭捏，大方地和我們暢談明年打算去芬蘭交換學生的計畫。

葛拉迪絲散發著曾為頂客族的母親所特有的，開放而又包容的氣息，舉手投足間充滿了活力。她正在學翻譯，我們能用英文交流；英文「th」的發音對她來說，就像西班牙文的大舌顫音「r」對我們一樣，令舌頭顛狂。她對臺灣人印象深刻，只因年輕時去倫敦留學遇到的七歲小男孩，讓她對臺灣人的身分認同居然也體現在如此小的年紀感到驚奇。她甚至模仿小男孩當時激動且不停重複的模樣：「I'm not Chinese! I'm Taiwanese!」所以當她誤把「Taiwan」說成「Thailand」時，格外慎重地向我們道了歉。

母女倆對臺灣訪客的熱情，完全不亞於把我們撿回家的耶克多，共進晚餐時，她們用央求的語氣邀請我們多留一天，教她們做道地臺灣料理。於是，我們在直眺海景的前院裡撐起帳篷，伴著海浪聲又睡了一夜。

其實，就這麼闖進陌生人的家中，我們也有點不安，但耶克多笑聲如此爽朗，那股真誠沒有理由拒絕，多留一天確實又何妨，我們就理所當然地住下了。耶克多曾同樣在路上撿回一個人，「當時他一住就是八個月。他說要離開時，我才認真算了一下，自己都沒辦法相信他居然住了這麼久。」臨行前，那人沒有東西作為報答，就剪下了自己長達八十公分的髮辮以表感激，那條髮辮至今仍掛在耶克多家的客廳牆上。

在「北半球霸權」下（或者更精確地說，是可口可樂霸權），關於耶誕節的文化呈現，幾乎全是和冬季、雪景相關的圖像和情節，因此即使智利明明此刻正值炎熱的夏季，耶誕老公公仍是穿著紅色外套坐在雪橇上。這些看似衝突的耶誕裝飾，跟著葛拉迪絲一起潛入耶克多家中，她像是怕自己的弟弟忘記了，自己縫製加工印著雪人耶誕樹的桌巾、馬桶套、抹布，高調宣告著再過一週便是平安夜了。

一整天，我們在客廳廚房間忙進忙出，揉麵團、擀麵皮、醃內餡，純手工做出牛肉水餃，另外又用萬能的醬油燉了差強人意的臺式滷肉，想提前給他們一個不太尋常的耶誕晚餐。我們準備主食，葛拉迪絲和女兒則負責製作杯子蛋糕，有著應景的耶誕樹造型；為了更切合即興的臺灣主題，我們用奶油在蛋糕上寫上「耶誕快樂」幾個中文字。耶克多開心地拿出菸草、開了啤酒，我們亂哄哄地提前慶祝了五顏六色的平安夜。如果此時有鏡頭在窗外攝影，色調想必暖黃無比。

和臺灣家庭裡常見的場景一樣，我們一邊吃飯聊天，一邊放任電視機播送晚間新聞，在餐桌旁填補話間的空隙。不過，那晚的電視新聞不太尋常，因為美國與古巴冰凍已久的關係，在那天正常化了。我們在智利海岸線上偏僻的某個角落，跟著全世界一起目瞪口呆看著電視上的新聞。

——從科皮亞波到章魚灘——

「反正你們也要往北走，不如就和我們一起回家吧！」或許我們廚藝湊合得過去，母女倆繼續提議，要我們和她們一起回去，並留在科皮亞波的家再住一晚。葛拉迪絲怕我們婉拒她的好意，不斷在腰間背後又搓又揉，說她腰痠背痛，有我幫忙駕駛北上，她落得輕鬆。於是和耶克多道別後，我坐上駕駛座，四個人一起回家。在南美搭便車毫不稀罕，但這樣「反客為主」，搭著搭著成為駕駛的經驗，卻真的是頭一遭。

我無法立即適應駕駛的位置——三天前站在路邊等搭便車時，衣服上沾上的風沙甚至都還沒洗淨。那天萬里無雲，於是我們又順道繞去種植葡萄樹的峽谷和酒莊參觀。沒人不愛這種帶著野餐盒的郊遊。芭歐拉隨興地睡睡醒醒，葛拉迪絲則坐在後座享受難得的輕鬆，「星星之路」的白色字體在綠色路標上顯得格外可愛。這種主客異

位的感覺繼續往北延續了三百公里，直到我們抵達她們在科皮亞波的家。

方向盤賦予人的主控感，輕易就會被空下的副座消滅；神奇的權位暗示，全球通行。我們坐在前座，後面有葛拉迪絲和女兒，彷彿搭便車的是她們，而不是我們。沒想到，脫離一個角色竟和走進它同樣容易。

科皮亞波同樣在五號公路邊上，是個曾經因為礦難而聲名大噪的城市。和所有因為採礦而興起的城鎮一樣，這裡除了有一個給礦工消費的購物中心，以及一個當地人不太去的礦業博物館之外，其實乏善可陳，但對我們來說，徹底融入這家人的感受，卻是在這裡與他們一家三口共進晚餐時特別強烈。

芭歐拉的父親溫文儒雅，是個攝影師；我們和他分享了一路旅行的照片和趣事，以及那頓臺式平安夜料理。在葛拉迪絲豪邁的笑聲中包裹的是堅毅；自從與老公離異後，她便獨自照顧女兒，生活忙碌辛苦。母親的角色並不好拿捏，但她做得

比自己預期的出色太多，母女間綿密而深厚的情感在相互照顧和打鬧玩笑中不時流露。她並非刻意追趕流行、好貼近女兒，而是本性使然，她持續學習、接觸新事物，所以依舊年輕。人有時不自覺停留在自己的過去，漸漸失去與親密的人溝通的話題甚至意願，無變化、不更新，形同死去。

葛拉迪絲又提議一起去幾十公里以外的「英國灣」（Bahia Inglesa），除了幫助我們在五號公路上繼續向北挺進，也順道看看她準備起造新房子的基地。出發之前，葛拉迪絲要我們幫忙將數十個空寶特瓶裝滿水。我們離開耶克多家時，曾在烘爐灣的荒地上，連根拔起了兩株龍舌蘭，現在它們也被小心翼翼地搬上小卡車的貨斗。

距離科皮亞波又是一個多小時的車程，鉛灰色的太平洋重新出現在公路旁。葛拉迪絲指引我在一個「出口」處駛離高速公路。說是「出口」，其實也只是一處中央護欄被拆開、分隔島上布滿各種胎痕的路基缺口而已。沿著那些胎痕，車子駛上同樣稱不上「道路」的沙徑，在巨石或水窪之間迂迴前進。突然，一大片平鋪在沙地上的聚落，在我們一個爬坡後冒出地平線，那些已經完工的嶄新小屋，連同更多剛被搭起的結構鋼架，一起在烈日下亮晃晃地閃耀著。

非法占地的「案發現場」

「到了，這裡就是章魚灘（Playa del Pulpo）。」

如果你費心在谷歌地圖上搜尋「章魚灘」這個地名，大概也只是白費力氣；這個村落，或許至今都還沒有出現在智利戶政單位的地籍圖上。這裡，是一個非法占地的「案發現場」，而居民至今還在不斷湧入。

作為非法占地「現行犯」的葛拉迪絲，難掩欣喜地要我在她新覓得的基地前停車。那是一塊二十公尺見方，以木樁和鐵網標注邊界的空地。我們陪著她在貧瘠的沙地上，摹想入口的位置、步道的長度、花園的縱深、小屋的面闊，然後挖坑整地，小心翼翼地將我們運來的龍舌蘭種入土裡。安頓好龍舌蘭後，我們繼續把從城市運來的一瓶瓶淨水，豪邁地灌注在每一株植栽根部，彷彿它們渴得無法饜足。烈日當頭，水才灑下就立即滲入沙土中，我忽然想起我媽，她可能正在公寓的陽臺上澆著一盆盆花草，即使臺北那樣濕潤。

更神奇的還在後頭。葛拉迪絲將一些較小的空寶特瓶剪半，注入清水後放在地面上，再用較大的、同樣被剪半的寶特瓶罩住。如此一來，小寶特瓶內的水分蒸發後，會重新凝結在大寶特瓶的瓶壁上，再緩緩滴落土中。藉此，那些較為稚弱、耐旱能力尚不足全的植栽，便可以獲得持續的灌溉，葛拉迪絲也就不用時常掛心，更不必三天兩頭就得駕車過來一趟。我們不禁驚歎於這個前現代的「自動灌溉裝置」。

離開前，我們拄著鐵鍬休息，遠眺海面上的夕陽。

「這個地方不會永遠都是違建聚落的。」夕陽下，葛拉迪絲的眼裡和臉龐都閃著光，和她的語氣一樣充滿了希望。她彷彿已經看到章魚灘熱鬧的樣子了。雖然目前這

非法占地現場。

裡仍然是無主的公有地，但只要占地者有確切的居住事實，政府未來在這裡也沒有任何使用計畫，居民就可以在繳交一千五百美元左右的行政規費之後，從非法的「占地者」，搖身一變成為合法的「居民」。

我好奇，這裡為什麼叫「章魚灘」？既然是無主地，這些地名又是怎麼來的呢？葛拉迪絲聳聳肩，沒有回答我。

和庭院植栽的生死存亡相比，地名怎麼來的一點都不重要。一如所有殖民地的傳統，這裡過去沒有歷史，葛拉迪絲和其他新地主才是創造歷史的人。我一邊看著葛拉迪絲，一邊想像著曾經在南美洲大陸無數無主地上「拓荒」的人。對於殖民者和拓荒者而言，所有的土地，都在等待名字。

除了殖民時代的拓荒榮光，這些在智利各地冒出的非法占地聚落，其實反映出的是獨立後的智利政府，在住宅政策上曾經有過的無能為力。

智利沒有完善的社會住宅政策，許多政府與建商合作的半吊子社會住宅計畫或住房補貼，最後受惠的實際上是私人建商與房地產商。因此，智利的都市規劃史，其實有很大的篇幅，本就是鄉村移民在城市裡取得土地的奮鬥史；而「非法」的土地占領（Tomas de Terreno），就是其中最重要的篇章。

追求居住權的智利風格

違章自營聚落其實並不是智利的專利。在南美洲比這更有名的，還有巴西的「Favela」。中文語境裡常常把「Favela」譯作「貧民窟」，但「Favela」已經成為巴西都市的另類標誌，內部有自成體系的人際網絡和自治體制，有些又轉型為觀光景點，甚至被房地產商收購炒作，已經不能單用「貧民窟」一詞來想像。

這些「Favela」經常以驚人量體出現在城市裡，在視覺上，任何人都難以忽略；然而，這些違章聚落邊界明確、自成體系，外人難以窺探內部之奧，又在電影、文學作品中不斷被再現，早就成為神祕的符號。一旦「Favela」內部的「自治組織」被政府平定綏靖，就是個渾然天成的觀光景點。

此外，祕魯的「Pueblos Jóvenes」（字面上的含義為「年輕的小鎮」），阿根廷的「Villas Miserias」（字面上的含義為「令人沮喪的村莊」），也都是二十世紀中期都市化過程中，在城市周邊無主地上逐漸形成的違章聚落，大多都有類似的形成脈絡。這些聚落，通常是「住好倒相報」，一個親友拉著一個親友來住，用了幾十年的時間，才逐漸發展至今日的規模。

智利的占地行動卻不一樣。在這裡，占地過程往往是集體行動，事前經過審慎的選地，是精心策劃的集體突襲，也往往發生在暗夜之中。這類規模不小的聚落，往往是在幾天、甚至一夜之間就拔地而起。除了由底層的居民自行組織之外，那是由窮人建造、治理的城市，奠基在緊密、韌性十足的社群網絡之上。

這些窮人自力發起的占地運動，甚至還會識時務地與教會、政黨合作，在合適的輿論氛圍之中行動，找到合理的論述來支撐他們未必合法的行為。當然，占地的流行與否，也與不同時期智利的社會氛圍與歷史背景等脈絡相關聯。

從西班牙人在南美洲出現開始，愈靠近市中心主廣場的居民距離權力中樞也愈近，而湧向城市的鄉村移民或原住民只能在城市外圍落腳。殖民者和被殖民者、有錢人和窮人的階級差序於是牢牢鑲嵌在智利的都市裡，在空間中畫出了一個個同心圓，在左右來回的政經擺盪之間刻畫街道地景，直到今日。

實際上早在一九二五年，不滿房租高企的租屋族便曾在首都聖地牙哥發起抗議，迫使政府訂立保護房客的法律、興建勞工住宅，同時也設立權責機構處理租房糾紛。自此，智利的住房政策在制度化的框架下雖不完美，卻也顛簸地維持了近半世紀。

然而制度終究難以追上移民湧入和都市擴張的速度，各種棚屋區仍在城郊的無主地上冒了出來。在智利，這些棚屋區和違章聚落被稱作「callampas」，字面上其實是「蘑菇」的意思。看看章魚灘上簇生的屋架群，用蘑菇比喻這些從土地上冒出的社區，倒也恰如其分。

一九五七年首都聖地牙哥的「維多利亞（La Victoria）占地運動」轟動一時，並為後來的土地占居行為提供了先例與法源依據。一九六〇年代中間偏左的基督民主黨上臺執政，社會住宅卻依舊供應不足，政府只能默許自營聚落占地營造。更為左傾的阿延德上臺之後，甚至讓政府與人民共同建造棚屋區，占地運動於是達到高峰。「都市規劃」這種充滿官僚意象、經常以上帝視角在圖紙上大筆一畫的專業，由此成為更民主自發的動態過程，卻也落得政敵批評政府失能的口實。

直到一九七三年右翼獨裁者皮諾切（Augusto Pinochet）發動政變之前，透過占地形成的自營聚落都曾是智利都市空間的主要型態。在首都聖地牙哥，甚至有三分之一的人口居住在自營聚落裡。

許多學者回顧智利的占地史時都指出了占地運動的政治意義。這些占居者看來自利的行為，其實也帶有階級鬥爭的政治意涵，因而成為人民獲取階級意識與文化認同的重要途徑。

在過去，占地的居民會互助分工，自行建造學校、診所，甚至是水電的供應系統，在一起建立社區的過程中，獲得了同屬一個群體的「歸屬感」與「同志感」。更重要的是，占地運動還顛覆了資本主義社會的制度基礎和核心原則——所有權。

然而智利逐漸右傾、成為美國盟友之後，占地運動開始遭到打壓，許多自營聚落或棚屋也遭到政府強行拆除。不過占地運動並沒有因此消失，而是在皮諾切下臺後以另外一種形式留存下來，逐漸成為都市中產階級的圈地策略，但也失去了當初以貧民為占地主體的社會意義。

但不論占地主體是貧民或中產階級，占地運動必須由民眾自行發起的這個核心精神並沒有消失。二〇一〇年二月智利中部發生芮氏規模高達八．八的強烈地震之後，也是因為擁有這種占地行動的傳統才能快速安置災民，並讓自營聚落成為災後重建的有力模式之一。

雖然有著完全不同的時代背景與社會位置，身為單親媽媽的葛拉迪絲卻和半世紀前既柔軟又堅韌的女性一樣，一肩擔起了「占地」的職責。時至今日，占地已經不再是一個社群的集體行動，也不見得要高舉正義旗幟、疾呼政治訴求。專業的建築工頭在章魚灘裡來回接單造屋，占地的居民來自四面八方，甚至還有不少外國人在網路上聞風而至。像葛拉迪絲這樣的城市人，來此占地興建度假小屋的就更多了。

無敵海景房。

但話說回來，左翼行動與社群力量的形式殘留，嫁接上資本的運作邏輯之後的種種光怪陸離實在太多，大概也不缺章魚灘這一個例子。理想與欲望之間的界線，從來就不是固定的。

┼ 智利人的百年孤寂 ┼

我們跟隨葛拉迪絲到度假勝地英國灣（Bahia inglesa）之後，繼續在她們海邊度假小屋旁撐開帳篷過夜。直到第六天，我們才終於又被放回公路上，手中握著她們送的耶誕禮物，望著飛馳離去的車尾縮小不見。我們繼續舉起拇指，像隻寄生蟲，優雅地準備跳到下個宿主身上，彷彿把「寄生」當成了一門藝術。

「寄生」這個字眼帶有負面意涵，執行起來卻歡快浪漫，浪漫在於看不清究竟是什麼樣的命運牽引，將我們帶向這家人，又是怎樣的緣分，讓宿主竟如此樂意甘願。

然而離開智利四個月後，我們突然接獲芭歐拉父親身亡的消息。

二〇一五年三月底，智利北部罕見地降下暴雨，許多地方泥洪竄流，葛拉迪絲和芭歐拉居住的科皮亞波沒有倖免，街道滿目瘡痍。我想起有次經過一條乾涸的水溝時，我和她們母女倆訕笑，在這樣的沙漠裡，誰需要這些水溝呢。像一語成讖，那條水溝在新聞片段中對著我暴漲怒吼。

水災後，芭歐拉的爸爸加入救災的志工行列，卻在一次任務途中發生了車禍。帶我們通到他們家的公路，也送他上了天堂。

又隔了一段時間，我在臉書上看見章魚灘小屋幾乎完工的照片。照片裡我種下的龍舌蘭依舊直挺挺，尖簇的葉片盎然飽滿。我發了訊息祝賀葛拉迪絲，順便和她聊聊近況。她說，她正準備賣掉科皮亞波的房子，和芭歐拉搬去章魚灘。先是前夫意外離世，猶如家人一般的狗狗，不久後也跟著死去。一切都糟透了。我看著螢幕上的字句，只能啞然。

維基百科的《百年孤寂》條目裡，引述了這樣一句話：

《百年孤寂》的世界裡，信仰和隱喻成為了現實，而其他更尋常的東西卻變得不確定了。

《百年孤寂》如是，葛拉迪絲的五號公路亦如是。

Middle East Balkans South Americ

Part. 2

破滅有時，嚮往有時

Chapter

4

維耶德瑪

República Argentina

第十日的遺失

我癱坐在床上，床鋪有點硬，旅店房間有討人厭的霉味，但進門後我們沒有抱怨這些事，只是呆坐著、頹喪著。夜深了，警察堅持把我們安頓在這間旅店後才離開。說起來，其實也沒什麼大不了，不過就是掉了包，人還在，護照和錢都在，星星也還掛在巴塔哥尼亞高原的夜空中。

想起這趟旅程出門前，我們在臺灣打包時，對於該帶什麼東西都無法判斷。八個月的旅行，上山下海，冬雪夏雨都會碰上，一個四十升的背包究竟該裝什麼好？後來我們決定出了一個準則：「愈輕愈好，愈少愈好。不然當行李背在身上狂走的時候，我們一定會想把東西全都丟掉。」

結果誰也沒料到，就在出發後的第十天，還真的全都掉了。

不見了，背包不見了！

阿根廷的維耶德瑪（Viedma）是一座被大河圍繞的幽靜城市，也是進入巴塔哥尼亞高原的入口大城。如往常，我們在天黑前打探地形位置，挑選好紮營地點，決定今晚在河邊的草地露營。我自以為找到了一個隱密之處——那是一間木屋向河延伸的平臺下，需彎腰蹲姿走進的狹小空間。我們將大背包藏放在此，僅帶著輕便隨身包去附近覓食。一個小時後，當我們吃完晚餐，重新返回此處，低身探進，我們彎下的背脊，立即一起發涼。

不見了，背包不見了。就算拿著手機的光來回照射，仍舊空空如也。

起初，我們似乎不願接受事實，沿著河邊來回搜索，猜想也許只有有用的物品被拿走，可能背包被丟在河裡滅跡。我們一直走一直走，不肯放棄，好像停下腳步，就是承認東西真的不見了。

我繼續走，時而看看河岸這側，時而掃描草地那邊。直到遇見夜間巡邏的警察，頓時覺得救星降臨。我努力用西班牙語解釋我們的遭遇，面對不同警員反覆描述。我們帶著警察走去遺失地點，仍是一片漆黑，附近也沒人，毫無線索。隨後我們被帶回警局報案，每個聽完的員警都不覺驚訝，表示根據經驗，一定找不回來了。既然帳篷睡袋都沒了，只好讓警察帶我們去他們認識的平價旅店過夜。

「不要看你失去什麼，要看你擁有什麼。」這句話不一定是自我激勵的雞湯文，有時是面對現實的自然反應。在旅館房間裡，我們清點還在身上的東西：隨身背包、水壺、筆記本、手機、身上穿著的一套衣褲、眼鏡、襪子、鞋子。幸好，不能離身的護照和現金也都還在。

隔天一早，我們幾乎翻遍這街區的公用垃圾桶，在警局間來回奔波，仍然一無所獲。

在中國餐廳遇見古叔叔

失戀的人可以用進食來搪塞悲傷，因失物而絕望的人大概也可以。我們想起列在旅遊指南上的吃到飽中國餐廳，毫不遲疑就動身。身處異地，沒什麼比熟悉的食物更能撫慰哀傷的心了。我們才踏著無法再更沉重的腳步走進餐廳時，就聽見一串臺語傳來。我們驚詫地往臺語傳來的方向看去，幾個穿著polo衫的中年男子、頭髮燙得波浪鬈的女人，神奇地散發著某種專屬臺灣的氣質。當中一位略帶白髮、頂著棒球帽的先生向我們拋來一句：「想吃就付錢啊！你們看起來很有錢嘛，哈哈哈哈！」

「我們很窮耶……我們背包才剛被偷。」我們有點笑不出來，無奈地回應他的玩笑話。

大概是天可憐見，居然在阿根廷一座幾乎沒有觀光客的小鎮裡，讓我們遇見臺灣人，而且還是個餐廳老闆。

古先生說阿根廷人都稱呼他「Señor Ku」，在維耶德瑪只要報上他的名號，無人不曉。他古道熱腸地邀我們坐下來吃飯，說有問題他都可以幫忙；我們於是像抓緊浮木般，用厚厚的臉皮黏著他。古叔叔經營的餐廳除了提供口味在地化的中式料理，還有阿根廷著名的烤肉（asado），後來才知道，這裡所有肉品都是「產地直送」，來自古叔叔自家的農場，難怪這麼鮮嫩好吃。一位廚師在大烤爐前翻烤牛排、肉腸，我們站在一旁等著，啪滋啪滋的聲響伴著碳烤香氣，還沒吃已經被療癒。搭便車旅行時，行程不定，有一餐沒一餐是常有的事，要一天一餐或一次吃三餐的量，我們的胃袋都能配合。胃的彈性伸縮，大概就是擅長適應多變環境的象徵；從苦寒荒地、繁鬧街頭，到太陽剛升起的湖畔，只要在路上，我們都泰然自得。

隨著「壯遊」愈來愈風行，不能否認，有時刻苦程度似乎是一種「旅人等級」的指標，而過程中發生的「意外」甚至成為自助旅行另類的「加冕」。我們一致認同，正是這些無法預期、或好或壞的遭遇，讓人對旅行上癮，不論多慘多出奇的境遇，終將變成日後多閃耀的探險故事，像是這段說不厭，掉包後遇到古叔叔的經歷。

接下來整整三天，我們都跟著古叔叔一起行動，成為標準的兩隻跟屁蟲——不對，說是寄生蟲或許更為準確。

那天吃完飯後，古叔叔領我們去一個家畜的拍賣會，我們的沮喪開始被興奮取代。拍賣現場充斥動物的氣味和熱鬧氣氛；欄杆圍出方形場地的中央，裡頭散放著些牧草。身材火辣的女郎擺著身子、端著威士忌在場中穿梭，買家們則清一色地頭頂牛仔帽，坐在一層層階梯上聚精會神。掌控全場節奏的主持人，就站在牛羊衝進內場入口的正上方，他一喊出批次號碼，帥氣的高喬人便會騎著馬趕出一批動物，也許是兩頭母牛、四隻小羊、或者三頭種牛。動物的模樣有些驚恐，高喬在旁控制追趕，有時會讓牠們稍微跑起來，以便買家觀察體型和健康狀況。此時買家們個個盯緊場中央，認真地在手中本子記下每批次牛羊的特徵重點和拍賣價格。接著，主持人會持續以浮誇音調重複報價，高潮迭起不輸臺灣夜市叫賣，成交時，再用一根超長木竿夾著訂單，懸吊至買家面前簽字。一輪拍賣結束後，動物會被帶到場外，再換下一批進場，如此高潮迭起，不斷循環重複。這場景太電影，真實得好不真實。那天傍晚，古叔叔帶著我們和四頭種牛，滿意離去。

─曾經一窮二白的大型超市經營者─

除了農場和餐廳，古叔叔同時也在鎮上經營一間大型超市。當車子駛入超市專用的停車場時，我們不禁發出驚呼。我們原本想像，古叔叔開的超市，是那種介於便利商店和全聯超市之間的等級，畢竟這才是大部分海外華人超市常有的樣貌。結果不是。出現在我們眼前的，是一座獨棟的大型超市，帷幕玻璃的外觀嶄新亮眼，還附設倉儲設施。

看我們下巴都掉下來了，古叔叔一臉沒什麼，說阿根廷的超市產業，本來就有不

牲畜拍賣場。

小比例把持在臺灣人手中。當年他剛剛落地阿根廷，就是靠開超市站穩腳步。一九八〇年代大老遠來此落腳的臺灣移民，多半不是一窮二白的王老五，而是像他一樣帶著妻小、帶著鈔票來投資的。論資歷，臺灣人在阿根廷華人超市的業界裡，絕對是老前輩。如果你上網搜尋，甚至還能看到阿根廷臺僑當年編撰的「超市專用手冊」，以過來人的身分教導大陸來的新移民開超市。

無奈千禧年阿根廷發生經濟危機，許多臺僑感嘆自己看走眼，移民移到了一個狀況愈來愈差的國家，紛紛再次出走，才將手中持有的超市和資產，轉賣給了人數愈來愈多的大陸移民；像古叔叔這樣還留下來經營超市的臺灣人，已經愈來愈少。經歷多年在地化，這些臺灣超市也愈來愈看不出來跟連鎖大超市的差別。

但古叔叔也不無憂心。他年紀大了，總要考慮退休。幾年前，他將兒子送往美國讀書，兒子取得學位之

古叔叔那幾乎要一望無際的農場。

後，剛剛才回到阿根廷接手經營超市，卻似乎經營得有些意興闌珊。不知道是有心還是無意，古叔叔居然問我們要不要搬來阿根廷，幫他經營超市和農場，神情和語氣看起來都不只是開玩笑。剛被阿根廷便宜得驚人的葡萄酒和牛排寵壞、又旋即因為丟包而沮喪的我們，一時之間有點心動，卻又不知道該如何回應，只能笑著說我們會認真考慮。

那天晚上，我們把整座超市當成自己家，隨意拿取想吃的菜回廚房做，再和他兒子媳婦共進晚餐。飯桌上，他一句「兒子，我今天買了四頭牛」，無疑是我們聽過最非比尋常、又十足阿根廷特色的家庭閒聊。

離開超市後，我們不甘心，又去了一趟警察局，卻只換來警員不耐煩的訕笑。看著我們垂頭喪氣回到車上，古叔叔露出「早就跟你們說了」的表情，卻又安慰我們，說他跟這個小鎮的市長很熟，由他出面去問，說不定還有機會找到。

那天晚上，我們被安置在古叔叔位於鎮上的家中，安穩地洗了熱水澡，心裡卻感到不安，不確定這趟才剛出發十天、就已經丟失全身家當的旅程，究竟還走不走得下去。

隔天一早，古叔叔要回農場一趟，身為跟屁蟲的我們，當然又跟上了。沒想到農場距離小鎮將近一百公里，就算古叔叔一路飛車、車速維持在時速一百三十公里，也得將近一個小時才能到達。我們知道南美大陸上的距離感不太一樣，但這種以百為單位的里程通勤實在令人難以置信，問他難道也經常這樣來回農場和小鎮之間，他只給了我們一個眼神，彷彿這是小島島民才會有的疑問，而他，早已是廣闊荒野中的半個高喬。

順著指尖望去，一切都美

乍見古叔叔，真會覺得他像臺灣經濟起飛時代中「一卡皮箱跑遍天下」的典型人物。他有不畏萬難的精神和打不死的生存力，帶點不羈頑皮的態度，以及一種我們這世代所缺乏，「明天會待我更好」的信念。

一起巡視他的農場時，他充滿活力地講述他如何獨自一人，連一句西班牙文都不會說就從臺灣來到阿根廷，花了二十年才建立起自己的家和眼前一望無際的農場。在臺灣，古叔叔的故事可能有無數個版本。我的父親也是白手起家、經營木材貿易，當年也是下南洋把大片雨林裝進皮箱帶回臺灣，才把我養得白白胖胖。長大後，我完全無法想像那是怎樣的機遇、勇氣和現實生活的壓力，才能讓一個英文講不出幾句的中年男子，隻身離鄉找生計。

我們坐在車上，目光跟著他的指尖落在一片玉米田、一池湖泊或一群綿羊牛馬。在這廣闊的農場裡，所有事物運行得那麼悠哉，牛在吃草，草在生長，一切不疾不徐。隱藏在這份悠閒底下是雇工們的勞動：較小的一塊農場由一家玻利維亞人負責，種植各式穀物和飼養雞鴨，而大農場平時由一老一少的高喬人看管，放養數百隻牛羊，也要整地種菜。

下午，從首都來訪的友人來打獵，我們在草原上漫遊，時空感隨著不見邊界的景象而漸漸消融。忽然，遠方有個蹦跳的身影，他下車開了三槍，叫狗去追，不到三分鐘他就拎著一隻血淋淋的狐狸走回來。我們既驚奇、又有點害怕，但心疼牠的死亡在這裡顯得有些不合時宜，因為過沒多久，古叔叔就又為了招待我們，特別請高喬烤了一隻全羊。

雖然這裡一切都美，但在都市長大的我們，實在難以適應這裡「生物」和「食物」間的距離——剛剛還在眼前活蹦亂跳的羊，不消多少時間，就可以變成一塊鮮嫩多汁的羊排。那隻只剩肉和脂肪的羊，由烤肉架支撐軀體，在剛升起的柴火上翻烤，直到香味慢慢竄出，牧犬也在一旁興奮得來回穿梭、跳來跳去。

自在逍遙的農場生活很容易讓人忘卻世界的喧雜與侷促，同時也讓我們忘了丟包的哀傷。就像豪邁的古叔叔所說的：「丟了就丟了，這點東西還算不上失去！」他老是開玩笑說，他每天就做三件事：吃飯、吹牛和泡妞。我想，不僅是新鮮的農場體驗，還有三天來和古叔叔朝夕相處，聽他大起大落的人生故事，讓人不自覺將一切放長放遠，才發現丟包所換得的比遺失的，多太多了。

旅行至此，我們的彈性不斷被拉扯，在孑然一身時，直觸需要和想要的差異；面對未知時，學會放下恐懼，相信將仍被善待。說流浪太過矯情，但我們確實已經不在路線上了。

離開古叔叔的那天，他堅持幫我們買了車票，在汽車站和我們道別。我們穿著古叔叔八〇年代風格的衣服，帶著只補買了基本內衣褲、比從臺北去高雄還少的行囊，拉風地，繼續南行。

臺灣人古叔叔和高喬人。

在布宜諾斯艾利斯借宿的公寓。早起洗衣，在陽台邊曬著樹蔭篩落的陽光。

Chapter 5

布宜諾斯艾利斯 República Argentina

壯遊、找尋自我……幻滅？

初見。再見。

初見布宜諾斯艾利斯，那雷迪羅港（Retiro）邊背向城市的聚落破敗殘駁，是優雅高傲的布宜諾斯艾利斯人在七月九號大道上不願看到的自己，卻意外成為迎接每個乘巴士抵埠的觀光客對布城壓倒性而震撼的第一印象。人們訕笑著，要這些優雅市民自殺的最好方法，就是請他們從自己的自尊上跳下來，但他們實際上仍然親切溫和得像這座城市早春的陽光——或者，長年的貨幣崩解和經濟衰頹，早已扼殺了他們探戈式的悠遊冷傲。

一看到艾司特班（Esteban）家裡的陽臺，我們就欣喜若狂，帶著書和咖啡大方占領。艾司特班是重返沙發衝浪的老沙發客，他豪放不羈的性格和鬍渣、散亂卻獨具風格的公寓，就像為我們準備的老舊床墊一樣，一碰觸就不想離開。我們心裡想著，如果有天真的搬來布宜諾斯艾利斯，那就全是為了這樣的艾司特班陽臺，和這樣被街側林蔭篩落的陽光。

那晚，我們帶了極為便宜的當地啤酒回家，瓶蓋剛開，艾司特班就回來了。他煮了義大利麵，簡便地撒上起司後上桌，我們佐酒閒談，他的女友芙蘿拉隨後加入。說真的，究竟聊了什麼也記不太清，大約就是各自的旅行經歷、恐怖的沙發寄宿故事，以及在阿根廷外匯管制下，他們想出國卻困難重重。芙蘿拉開心地說，她剛找到新工作、之後能多存點錢，我們於是開心地一起舉杯慶祝。說是慶祝，其實不過是微不足道的喝酒藉口；不論世事人情如何流轉無常，再開一瓶，我們總是不缺理由的。

布宜諾斯艾利斯就像每座不曾到過的城市，存放著我們對它隱含的想像，那些片段是如何凝聚拼湊出城市虛幻的面貌，進而不停誘惑著我們親身前往，連我們自己都感到好奇。原因有時是這麼荒謬而自以為浪漫：看完電影春光乍洩就想去阿根廷，在布宜諾斯艾利斯感受張國榮和梁朝偉執迷又灰白的追尋，在伊瓜蘇大瀑布揣想他們當年的迷惘。旅行嘛，總要帶點天真爛漫（甚至不可理喻），才能成行。

旅遊指南是這樣安慰不安的觀光客的，它說：在布城你唯一可能遇到的危險，不外乎踩到狗屎、在年久失修坑坑巴巴的人行道上摔死，以及被橫衝直撞的巴士撞死。果然剛出門，我們就應驗了前兩項，而且初次見到春光乍洩裡載著梁朝偉疲憊身軀的老巴士那笨重的體態，真的會興奮地想以肉身撞去。但若真撞上去，可想而知，就是破滅，我們是後來才學到，這種有形或無形的幻滅在旅行之中是無可避免的。

在伊瓜蘇瀑布尋找自我

當我們抵達如迪士尼樂園般的伊瓜蘇瀑布國家公園時，最負盛名的「魔鬼的咽喉」因棧道被沖毀而關閉，讓人扼腕。成群的觀光客一波波湧進，我們隨著人龍緩緩移步，走在修繕完善的棧道上，像是清點自然景觀般逐一佇足過目。其中，最熱門的活動是，登上遊艇在大小瀑布間穿梭，接著衝進幾十公尺高的瀑布裡，隨著強力水柱沖瀉而下，船身不停搖晃，在尖叫不斷和全身濕透的情況中感受所謂的氣勢磅礴。從湖面上抬頭望伊瓜蘇瀑布，天藍水綠的顏色調配，超乎感官經驗的巨大垂直水流近在眼前，實在太美，一種不帶感情、人間仙境般的美。不過，這過於精緻刺激的體驗，卻也讓春光乍洩中那道夾藏青春迷惘肉體孤寂的瀑布氛圍，隨著噴濺的水珠一起散逸蒸發，隨之幻滅。

類似的感官衝擊，我們在埃爾卡拉法特（El Calafate）的冰川國家公園又體驗了一次。熱帶島民首見冰川的震撼就足以令人一生難忘，遑論佩里托莫雷諾冰川（Perito Moreno Glacier）是座六十公尺高、五公里寬、仍在前進中的大冰川——要知道，世界上大部分冰川都在退縮呢。

遠遠望去，它從後方層層疊疊雪山中流出，一條看似靜止的河停佇在峽谷中。我們搭船開到它正前方，隨距離拉近，不僅感受它體積上的巨大，更覺千萬年的時間被凍結在眼前，歲月流逝化成可見可觸的實體。光線從冰體折射出一片淨亮、帶黃而偏綠的藍。但它並不靜默，砰然一聲，冰川一角崩落，偶然的巨響標誌著它正在動。冰川最讓感官迷惑之處在於，河流是流動的隱喻，但冰川卻僅有流瀉的線條輪廓，而無動態的視覺感受；流水凝結成冰，在陽光照射下的光影展露時間的痕跡，時間被壓縮在空間中。然而，這種視覺上的靜止竟是由聲音打破，由冰川前進的摩擦聲響透露它的移動，是的，但它依然看似不動。動與不動的悖論像是離家時老想確認自己的位置，卻總是落不準那樣，直到被某個聲音警醒。

我們是搭上一對教授夫妻的便車來到這座國家公園的。在路邊舉著大拇指的我們，大概勾起先生年輕時從紐約搭便車到溫哥華、然後從此定居加拿大的回憶，他毫不遲疑地將我們撿上車。太太是優雅而熱情的社工系教授，先生專研修辭學，兩人剛退休，決定來一趟沒有回程機票的旅行，玩夠了玩累了玩膩了再回家。他們二十年前曾到亞洲參訪，在中國教了幾年書，我們的話題圍繞在年輕時出外的生活景況。

「我們剛到中國時，沒什麼人會說英文，生活、購物都不是太方便，沒想到十幾年後再去，沿海城市完全是另一個樣子了。」因回憶過去而略顯興奮的先生向我們說著。

「當時是什麼原因決定離開中國到加拿大？」

「大家都說要入鄉隨俗，但在異鄉，我們反而更會因為那些即使個性再開放、卻仍舊無法妥協的事而重新認識自己。更了解自己之後，就清楚哪裡才適合生活，所以最後我沒回美國，去了加拿大定居。」

他這番話讓俗套的「旅行是為了找尋自己」，有了一種不反胃而能感同身受的詮釋。我們時常透過置身異境來剔除現存環境的紛紛擾擾，企圖尋見所謂「純粹的自我」，卻感到徒勞。然後才在陌生境遇中，逐漸辨認出某些黏著在身上不容彎曲的特質，隱隱堅持的原則也在異鄉而顯得突兀，摸索著消磨後所剩的堅硬，自我的輪廓因而日漸清晰。我想起唐諾說：「思鄉一開始其實是渴望回歸於某種不耗心神的安全和舒適，家鄉，是如此異鄉種種所創造出來的。」而不僅是家鄉，連「自我」也是如此陌生種種所建構、所反映出來的。

結果，布宜諾斯艾利斯並沒有讓我們碰見酷兒同志浪潮，他們的遊行正好在我們抵達的前一週舉行，街上僅剩一些尚未拆下的彩虹旗，不過各種裸露身體的情色鮮豔小紙條倒是貼滿在觀光景點周圍，讓我們貪見另一番「春光乍洩」。

─┼ 我不知道大家在趕什麼 ┼─

幻滅有時，嚮往有時。當紅酒起司牛排全都以難以置信的價格，出現在世界級的冰河雪山面前時，再窮酸的背包客都很難不被阿根廷寵壞。有時安心，有時驚異。每當我們被未知的焦慮籠罩而想錨定心神時，總會讓思緒回到四十號公路通往埃爾卡拉法特的路口。

在四十號公路上，我們如往常搭著便車，但這次，還沒下車就看到馬丁在路口的身影。我們誤以為伸出拇指時要多一個競爭者了。

「你們會說英語嗎？」我們走近時，他用西班牙語試探地對我們說。

「我徒步旅行，已經走了八年。我八年前從墨西哥出發，正要往智利去。」當時我們因為阿根廷牛排價格而驚嚇到還沒合攏的下巴，聽到他這麼說之後脫臼得更嚴重了。

馬丁的家當全放在一個簡易推車上，上頭插著旗子，大衣上繡了各色布面徽章，毛帽下的臉黝黑健康。他似乎在英國小有名氣，還留下名字讓我們上網搜尋。他說他總在夜間月光下步行，白天照得到溫暖陽光的時候睡覺，偶爾在路過的學校講授關於環境保護的課程，間或在消防隊或警察局留宿。

「我不知道大家在趕什麼。九點到或九點半到，結果不都一樣嗎？」他的語速和步調一樣不疾不徐。

八年前他啟程時，我們都還只是大學二年級的學生，不禁想到，這八年來，我們也許「完成」了許多任務或工作：做完無數個期末報告、讀完大學、工作時完成幾個計畫或專案。但這八年來，馬丁只做一件事：從墨西哥走到智利，而且至今仍未做完。我們似乎看見時間的另一種向度，或者說一種在現代社會快被排除的時間性。不具目的性，不求效率，因而不合時宜。活在這另類的時間性中，他的步伐踩得那麼平穩篤定。

馬丁緩慢移動，遠遠看過去，就像沒在動一樣。我們有幸在他近一萬公里的步行中，一起走過微小的一段，這種感動像是，聽見冰川移動的聲音。

為了向他致敬，我們跟在他後面，陪著他在杳無人煙、永遠吹著八級陣風的巴塔哥尼亞公路上走了幾公里。但當往下一個城市的貨車在路邊為我們停靠時，我們仍然跳上了車，任憑馬丁在公路邊倔強而孤單的身影，消失於貨車的後視鏡之外。

Chapter 6 ─ 波士尼亞 Bosna i Hercegovina

生者禁忌開口的國度

搭便車並不輕鬆寫意，日曬雨淋免不了，還得隨時準備接受失敗的命運。我們一向幸運，在歐洲搭便車很少真正失敗過，卻在克羅埃西亞接連遇上滑鐵盧。

離開克羅埃西亞之前，我們在杜布羅夫尼克逗留了幾天。杜布羅夫尼克很迷人，所有你想得到能吸引觀光客的東西，這裡都有：峭壁、海浪、古城，喔，還有濃稠的義大利冰淇淋。最特別的是古城周邊高、內部低的地形，從空中看，像被放在亞得里亞海岸上的一只大碗公，觀光客一滑進去，就很難爬出來了。

但對於搭便車的我們來說，杜布羅夫尼克卻是個艱鉅的挑戰，因為唯一的一條城際公路，就高掛在美麗古城後方的山壁上。我們查過谷歌地圖的街景服務，嘗試擬出幾套等便車的計畫，但不論是計畫A、B、C之中的哪一個，都必須先穿過像階梯一樣鋪在山坡上的住宅區迷宮，然後才能在狹窄的公路邊找停靠空間。最糟的是，經過的車輛車速看起來都不慢。

於是我們又查了一下「便車百科」（Hitchwiki）上的便車地圖。便車地圖上的杜布羅夫尼克，雖然只有幾個候車點，但至少有些點是綠色的，代表搭上便車的機率還算不錯。我們的目的地是北邊的波士尼亞，看了半天，決定往北郊的圖季曼

大橋走去。和克羅埃西亞許多重要地標或基礎設施一樣，這座聯外橋樑以他們的國父為名。

圖季曼大橋跨越一座峽灣，上頭景色開闊，可以同時看見亞得里亞海和峽灣；我們上路前在旅社準備了便當，安慰自己，萬一搭不上便車，至少也可以假裝自己是來橋上野餐的。

但人有時候就是不該先安慰自己，不然事情真的會往你安慰的方向發展過去。國父圖季曼並沒有保庇我們。我們在橋上的護欄邊等了四個小時，便當吃完了、海景也看膩了，還是沒有駕駛願意為我們停車。初嘗失敗滋味的我們，開始咒罵起呼嘯而過的克羅埃西亞人，連正眼都不瞧我們一眼。罵完駕駛，我們又歸咎於觀光客，腦補他們（其實我們也是）就是讓克羅埃西亞人對外國人無感的罪魁禍首。罵歸罵，我們心裡還是明白，駕駛從來就沒有為攔便車的人停車的義務。

有人根據「便車百科」的資料做了一張地圖，用顏色標注歐洲各地搭便車的等候時間。綠色的地區等車時間最短，紅色則代表艱難戰區。克羅埃西亞在地圖上果然一片爆紅，沿著國界切出許多人等便車的慘痛記憶。搭便車在克羅埃西亞有多困難，顯然有目共睹。

太陽開始西斜時我們終於決定撤退，垂頭喪氣地跨過大橋的護欄，沿著光禿禿的土坡回到港口邊。好在我們早就知道，城際巴士站就在橋下。不消十分鐘，我們就已經一邊握著車票在站外等車，一邊仰望拱橋的弧線發呆。對於當時的我們來說，搭便車的成敗，就是我們每天衡量自己、回顧一整天的唯一判準，因此也沒有什麼比搭不上便車、然後跑去巴士站買票更沒骨氣的事情了。但更沒骨氣的是，這種沒骨氣的感覺，等我們一坐上暖氣充足、沙發柔軟的巴士之後，就立刻煙消雲散了。

妲妲的民宿

雖然寫便車遊記理應要極盡能事美化搭便車這回事，但我們在路上更常體會到的其實是周身軟肋，我們輕易就能被舒適收買，無法冠冕堂皇地說自己享受磨練與失敗。更難堪的是，雖然我們在路邊等了四個小時，但搭巴士其實不到一小時，就能進入波士尼亞境內了。

摩斯塔（Mostar）是我們在波士尼亞第一個停留的城市。和有郵輪停靠、街上萬頭攢動的杜布羅夫尼克相比，這裡冷清得令人無法相信只是一百多公里以外的地方。但久違的清真寺和負擔得起的物價，都讓我們重新打起了精神。

在摩斯塔的巴士站下車時，天色已經微暗；我們還來不及看清波士尼亞的樣貌，就先在巴士站旁認識了妲妲（Dada）。妲妲是個克羅埃西亞裔的阿嬷，卻頂著一頭俐落的龐克短髮，完全不像已經有孫女的樣子。她每天掐準巴士到達的時刻到巴士站等待沒有訂房的背包客，直接向他們推銷自家的民宿。剛剛寫下便車失敗紀錄的我們，沒想太多，就跟著妲妲走了。

說是民宿，其實就是尋常公寓裡的一個單位；妲妲將閒置的房間整理過後擺進一張

波士尼亞料理。

張床鋪，儼然就是一個鑲嵌進波士尼亞家庭的青年旅社。剛進門我們就注意到，姐姐家的客廳，有幅年輕男子著軍裝的相片掛在牆上。我們自始至終都不知道他是姐姐的兒子還是孫子（或是其他她可能掛念的對象），也不知道他現在在哪裡。我們不敢問。

這是一個墓園比公園多的城市，大部分墓碑上寫著的年分都是同個數字。波士尼亞戰爭時，城裡幾乎沒有一個家庭完好無缺。屋裡掛的照片是裝飾，或是提醒，是儲存記憶的容器，或是對於逝去的悼記。在姐姐家，哪個多一些，我們沒有把握。

複雜的國家

波士尼亞是個很複雜的國家。

如果你不親自來一趟，可能很難理解這裡戰爭為什麼打得沒完沒了。如果人類的歷史就是彼此廝殺征戰的故事，那麼二十世紀，就是在塞拉耶佛引爆世界大戰中拉開序幕，又在波士尼亞戰爭中慘烈謝幕。

一九八九年柏林圍牆倒塌之後，共產陣營維持不到半世紀的烏托邦理想潰散一地，南斯拉夫聯邦的加盟國紛紛背離。作為南斯拉夫聯邦的核心國，塞爾維亞共和國無法忍受聯盟的分崩離析，決意向剛獨立出去的新國家們宣戰。

開戰的結果，就是讓巴爾幹半島為這個世界鋪陳了一九九〇年代的國際新聞地景，一路從斯洛維尼亞、克羅埃西亞、波士尼亞，打到了科索沃。這些地理名詞幾乎成為了戰爭的前綴詞，貫串成我這代年輕人模糊的集體記憶。直到現在，聽到這些地名，我還是會聯想起戰火。

國際勢力介入之後，戰爭總算停歇。以美國為首的西方陣營阻擋了塞爾維亞的滲透，同時也打破了俄羅斯在蘇聯解體之後捲土重來、將勢力西擴的意圖。

今日的波士尼亞境內有三大族群：波士尼亞人（Bosniak，絕大多數為穆斯林）、克羅埃西亞人（Croat，絕大多數為天主教徒）和塞爾維亞人（Serb，絕大多數為東正教徒）。前二者占多數的地區組成了「波士尼亞與赫塞哥維納聯邦」，與塞爾維亞人為主體的「斯普斯卡共和國」（Republika of Srpska，意思是「塞爾維亞人的共和國」），一起在同一面國旗下生活著。

除了有些穆斯林女性會戴頭巾之外，單從外表來看，這三個族群幾乎沒有不同，講的語言也共通無礙。宗教於是成為外人能夠區分他們的少數標籤之一。

不過人類這種擅長畫界、區隔你我的生物，總歸是不缺標籤的。他們的語言雖然相同，塞爾維亞人卻以東正教的正統文字「西里爾字母」書寫語言，從而與克羅埃西亞人、波士尼亞人使用的「拉丁字母」區隔開來。

在這裡，文字不只用來表記發音、存放意義，還是一種承載政治認同的敏感符號。塞爾維亞人心底的那根磁針，總是遙遙指向東邊的泛斯拉夫聯盟，包括塞爾維亞共和國，同時也包括俄羅斯——他們都是西里爾字母死忠的擁護者。因此在波士尼亞，文字的界線正好也是政治疆域的界線。於是你很難怪罪外人總是看得一頭霧水，因為這裡各種族群的名字和國名在不同層次被重複使用、糾纏不清，像個尺寸弄錯、永遠蓋不上的俄羅斯套娃。

─鈔票上的政治─

仗打完了，生活總還是要過下去。但我很難想像這個國家的三個「民族」，到底怎樣在反目成仇之後，還能在戰後繼續以聯邦的形式組成一個國家。波士尼亞戰爭期間，雙方殺紅了眼，刀刀見骨。他們像一對吵架吵到拳腳相向、傷痕累累的夫妻，在旁人勸說斡旋之下，勉為其難地繼續在同個屋簷下相敬如賓。

這兩個加盟國冷薄的攜手，你今天還可以在鈔票上看見。

我們剛到波士尼亞，身上只有歐元，銀行也早已過了營業時間。頭一晚預付房費時，我們問姐姐收不收歐元。姐姐一聽，像是早就預料到似地說，歐元她也收，但只能找波士尼亞馬克給我們。我收下她找回給我的兩張十馬克紙鈔，仔細端詳，卻發現兩張相同面額的鈔票，居然長得不太一樣。

原來波士尼亞馬克的全名，其實是「可互通馬克」（Convertible Mark）。之所以要「互通」，是因為波士尼亞有兩套貨幣：一套由「波士尼亞與赫塞哥維納聯邦」發行，一套由「斯普斯卡共和國」發行。這兩套貨幣長得一模一樣，只有「看板人物」和書寫文字順序不同──聯邦發行的鈔票先寫拉丁字母、後寫西里爾字母，而共和國發行的鈔票則顛倒過來。或許是想用書卷味掩蓋硝煙味，鈔票上的看板人物，由兩邊的政府各自選用兩邊的作家擔當。唯一在兩套馬克中都有出現的作家，是五馬克面額上的賽里莫維奇（Meša Selimović），而這或許可以用他的身世來解釋：他出生在波士尼亞的穆斯林家庭，卻認同自己是「塞爾維亞人」，兩邊都能把他看作「自己人」。

這兩套乍看一模一樣的鈔票，像是兩個平行世界的失真鏡像，又像某種惡作劇的

在波士尼亞的墓園裡，有多少墓碑是屬於前線戰士的呢？

偷天換日」；甚至如果有報紙直接拿這兩張鈔票，放在副刊的「大家來找碴」欄位搪塞版面，供讀者圈出兩張鈔票哪裡不同，似乎也未有不可。也因此，他們的「互通」反而有種欲蓋彌彰的難堪。恰恰是因為有了對彼此的壁壘、以及自己放棄不下的民族顏面，才有勉強流通的必要。如果這世界有「最彆扭的貨幣」這種頭銜，波士尼亞馬克應該當之無愧。

另外，波士尼亞的貨幣之所以叫做「馬克」，其實也和德國人脫不了關係。波士尼亞當年仍是南斯拉夫一部分時，西德便已經開始在工業技術上和波士尼亞建立合作關係。波士尼亞戰爭開打之後，德國則成為在波士尼亞推動和平進程的重要角色，並在戰後持續為波士尼亞經濟發展提供協助。波士尼亞互通馬克首次發行時，甚至直接將匯率掛鉤上德國馬克，不難看出德國與波士尼亞的淵源之深。因此，如果你想念那個改用歐元之前、還在用馬克交易的德國，倒是可以到波士尼亞來個貨幣式的重溫，波士尼亞馬克的版式設計，甚至和德國馬克長得幾乎一樣。

話說回來，貨幣有時候是民族國家的直接產物，有時候又是催生民族國家的工具。透過使用同樣的貨幣，人們得以分享某種共感，而鈔票上的人物與故事也在方寸之間承載國族神話。波士尼亞馬克則為我們示範了兩個政治實體如何委曲求全、共同組成國家，卻又要在一定的限度內保有自己的認同與尊嚴。

但在轉型正義還沒有太多進展之前，這種「掉包鈔票頭像」的權宜之計其實只是在透露著某種難言之隱：仇恨仍在生活表面下暗暗湧動、仍在數量驚人的墓塚間徘徊飄蕩。由此，鈔票成了一種絕佳的隱喻：經濟可以在物質上為敵對的人們找到共同攜手的動機，卻無法真正弭平認同上的差異。裂痕，一直都在。

一如戰後的摩斯塔，外國資金迅速湧入，希望重建這個被戰火蹂躪的小鎮。修復的重點被放在觀光客最愛的石造拱橋，以及周邊富有鄂圖曼風情的歷史建築。外國投資者一廂情願地認為，修復斷掉的橋便可以在象徵意義上將民族重新連結在一起——當然，還可以帶來觀光收入。

結果新的「舊橋」成為觀光客聚集的飛地，但真正有意義的實質重建卻付之闕如，許多彈孔滿布的公寓仍荒廢在路旁，之前逃離戰亂的居民至今無法遷回。許多人將這個問題，歸咎於資金來自外國的事實，外國人的投資偏好畢竟難以照顧在地需求。

儘管如此，對於觀光客來說，摩斯塔仍然美得讓人捨不得離開：天主教堂與清真寺的塔樓，像孩子賭氣般地比誰建得高；河流將小鎮切鑿開來的豐富地景，和這裡的歷史一樣富戲劇性。但真要說起來，讓我們願意在摩斯塔多作逗留的原因，其實還是妲妲。

一照片上的沉默男子一

有天妲妲沒有其他房客，索性多做了些葡萄葉飯卷（Sarma）邀請我們品嘗。葡萄葉飯卷是整個巴爾幹半島都很常見的家常菜，當年跟著鄂圖曼帝國一起進到巴爾幹各個民族的餐桌上。時至今日，他們可能是彼此的世仇，但吃的食物大多數時候卻仍然非常類似。

我們知道，姐姐之所以如此殷勤，除了因為她天生好客，有部分也是因為她希望我們能再多住幾晚。經濟凋敝的波士尼亞鄉間，沒有太多其他可以維持生計的產業。就算在波士尼亞觀光客必定停留的摩斯塔，旅館仍然供過於求；在淡季裡，我們每天看著她落寞地一個人從巴士站歸來。

就算從我們的房費裡賺不到多少錢，姐姐還是把我們照顧得無微不至。每天清早，她都會用麵粉現炸有點像油條的糕渣給我們當早餐吃，彷彿這些本來就是她例行要做的事。我們每天起床後看著餐桌上鋪開的茶、咖啡、石榴汁、牛奶、新鮮果醬、香腸、水果、起司、麵包、甜菜沙拉，都是一面感動，一面卻又覺得不忍。姐姐總忙這忙那，巴士還沒到站的空檔裡還得上市場買肉扛麵粉、採果子回來做果醬。陪著我們吃早餐的，只有餐桌旁的那張軍裝男子的相片而已。

我們離開的前一晚，姐姐的女兒和孫女也來了。他們一起擠在客廳電腦的螢幕前，要和姐姐在外工作的其中一個兒子視訊聊天。和其他被漸進整合進歐盟的巴爾幹國家一樣，這裡大部分的勞動力都外流到更容易找到工作的地區。父母妻兒被留在家鄉之後，在許多家庭裡，年輕男子總是缺席。

姐姐被兒子逗得開心，也顧不得我們在旁。這個姐姐與我們在巴士站遇見的那個姐姐判若兩人。看著她手舞足蹈，我們也跟著欣喜起來，找不到房客的民宿裡，氣氛難得如此輕鬆。但視訊結束之後我們還是有點落寞，因為螢幕裡的人看起來不像牆上照片裡的那個男子。

旅遊指南的告誡持續按捺著我們的好奇。他們說，除非關係熟稔，貿然詢問波士尼亞人的種族認同與戰爭記憶是不恰當的。我們不知道姐姐的葡萄葉飯卷，以及在我們眼前進行的家族視訊聊天有沒有讓我們越過那條線，於是終究選擇噤聲，善意地不涉入一個家庭的虛擬團圓，安靜地推敲那熱絡背後可能有的種種森冷——那些歷史教會我們想像出的森冷。

一直到退房之前，其實我都在期待，期待下一刻照片裡的年輕男子就會進門放下行李給姐姐一個親吻，然後與我們自我介紹，並說他剛從另一個城市放假回來雖然不遠但路上有點塞車⋯⋯。

這樣我就不用開口問了。多希望我可以不用開口問，在這個生者禁忌言說，死者無法緘默的國度。

| 妲妲家牆上掛的照片。

ستلا
STELLA
LAGER BEER
AUTHENTIC EGYPTIAN
SINCE 1897
المكونات: ماء، مولت، زهرة الدينار - تحفظ في مكان جاف وبارد
انظر تاريخ التعبئة وانتهاء الصلاحية على الزجاجة
مركز خدمة العملاء - ج م ع - ٠٨٠٠١٠٠١٠٠
م ق م ٢٠٠١/١٨٩
4.5% Alc. Vol 500ml
ES

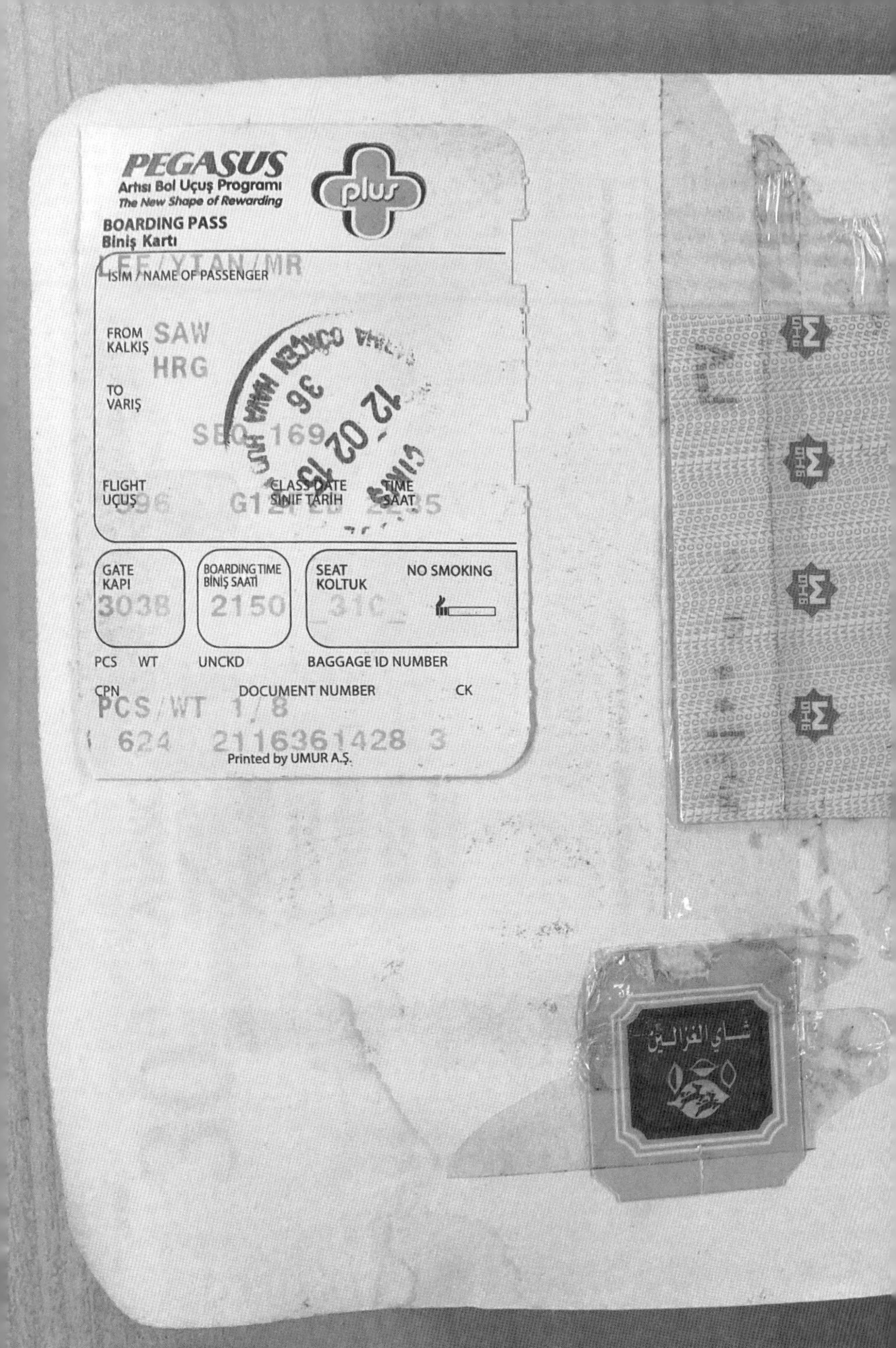

埃及一開羅地鐵的車票，和埃及最大的啤酒品牌——Stella。
伊斯蘭教義禁酒，每次看到寫著阿拉伯文的啤酒標，都會覺得極度違和。

Chapter 7

埃及

Arab Republic of Egypt

如果法老活到今日

對於每個到埃及的觀光客來說，「La'a shukran」或許是最實用的一句阿拉伯語。我們不斷複誦，直到唸著聽著都像咒語，它的意思其實是：「不了，謝謝你。」

如同法老墓穴壁上的《地獄之書》(*Book of Gates*) 與象形文字保佑亡者在陰間的旅途不致受惑，「La'a shukran」(不了，謝謝你) 則幫助觀光客對付每一個前仆後繼湧上來的車伕、掮客或小販，回應他們虛實難辨的噓寒與詢問，婉拒他們想從觀光客身上榨取金錢的意圖。作為觀光產業的鼻祖，埃及人從希臘羅馬時代開始就在從事這行當了。

《地獄之書》有沒有用，生者如我不得而知，但顯然「La'a shukran」這句咒語不太有效。你的禮貌回絕，換不到他們的對等尊重；生活的重擔，加上近年觀光客因為政治動盪而裹足不來，讓他們只能死命糾纏。

直到我們在盧克索搭上渡輪、來到尼羅河西岸，遇上艾哈邁德（Ahmed）與他的木屋旅店，我們總算覺得在他河畔的小天地裡，咒語可以稍歇。艾哈邁德親切誠懇，不強行推銷包車、遊船、熱氣球等一切他可以抽取酬庸的行程，是埃及難得了解西方背包客心理的埃及商人。

艾哈邁德的旅店同樣慘澹。就算今日在埃及的日常表面上幾乎看不出革命的痕跡，但革命的痛苦至今仍停留在他的損益平衡表上。在旅店空蕩蕩的庭院裡，艾哈邁德告訴我們，現在一個月大約只會有兩三組客人。訪客留言本裡寥寥的字句，彼此間隔久遠；留白太久，留言本最後只好挪用成爲小女兒的塗鴉本。「為了周轉，我連電腦都變賣掉了。」

文化遺產是門好生意

從統計數字來看，在埃及，每九個人就有一個得靠觀光客吃飯。觀光產業的重要性，從埃及紙鈔的設計或許也能略窺一二。不論面額大小，每張埃及鎊的其中一面都印著外人無法識讀的阿拉伯文與阿拉伯式數字，搭配伊斯蘭風格的紋飾與知名的清真寺圖樣，更接近埃及本地人的日常生活；另一面則是英文字樣與世界通用的印度－阿拉伯數字，彷彿專為外國人設計，還搭配古埃及文明符號，諸如人面獅身像或法老像，承載的是外國人通常更感興趣的那個「埃及」。

最有趣的是有些面額上的「Central Bank of Egypt」（埃及中央銀行）英文字樣，模擬了阿拉伯文的連體書寫方式，活像那些在西方的中東餐廳，為了增加異國風味、藉以攬客所使用的招牌字型，彷彿是埃及人回收了西方人的東方主義之後再挪為己用。觀光業作為埃及經濟的支柱，連鈔票都在助一臂之力：觀光客的那一面，在持續周轉著埃及人的這一面。

時至今日，埃及各地仍有不少神廟，在如火如荼地趕工修復或「重建」。遊客若相隔十年重遊舊地，除了感嘆人世流轉的無常在千年時光洪流前顯得多麼無足輕重，可能還會驚詫於這些舊地，竟又多了幾處遺址和神廟，以及幾處需要購買門票的「考古遊樂園」。

於是我想起同樣靠著考古遺址賺進觀光外匯的祕魯。有些考古學家計算出當年建造馬丘比丘的工程花費，換算成今天的幣值猶如天文數字，顯然當年公共營造並沒有財務評估這個步驟，更沒有使用年限與折舊攤提這些概念。但那些所費不貲、仰賴集中式王權與強迫勞役蓋出來的東西，不論用現代的眼光看有多麼不符經濟效益，今天可能都是製造無限觀光產值的機器；而將它們列入世界文化遺產，又等同進一步將這些「廢墟建築」的使用年限延伸至無限長。

一反「文化遺產」、「考古遺跡」給人的古老印象，這些詞彙與概念，實際上是「現代性」的副產品，因而再「現代」不過。古蹟和文化遺產，一方面是民族國家用以建構國族認同的文化工具，另一方面又是觀光客的重要景點，而民族國家與旅遊產業，則又恰好都是人類歷史進入現代後衍生出的產物。

因此對於埃及文明遺址，觀光客最常會有的誤解是這些遺跡是「原狀」，或者至少是「真品」，其中牽涉的「保存」想像，是極為靜態的。但無論埃及的氣候環境如何乾燥，這些遺跡都不可能維持原貌；數千年來，波斯人、希臘人、羅馬人、阿拉伯人、土耳其人，以及成千上萬的觀光客，都曾在這些遺跡上留下印記。羅馬遊客在牆上塗鴉；基督徒將代表異教的希臘神祇頭像和壁畫塗抹銷毀，甚至在墓穴和神殿裡建修道院；而穆斯林在盧克索神廟上方嵌入的清真寺，至今也都還聳立著。

我們在盧克索時，當地政府正在將從盧克索神廟（Luxor Temple）到卡爾納克神廟（Karnak Temple）之間的民居聚落統統剷平，只為了將法老時代的人面獅身軸線重現天日。然而為什麼是古埃及的都市軸線被選擇性的「保存」，而不是那些在穆巴拉克統治之下冒出的違章聚落呢？承載庶民生活記憶的民居、肌理與內涵豐富的聚落模式，難道沒有「文史價值」？

於是文化遺產的「保存」，就不只是古蹟修復與考古的工作，它還牽涉學術角力、價值審美、融資偏好，因而是極度政治化的過程。直到現在，西方都還流傳著一個讓人津津樂道的故事：當年考古學家為了獲得考古經費，還得將木乃伊運回歐洲，供出資的富人在派對宴會的最後製造高潮。

歸根結柢，西方文明與埃及牽連頗深，而法老

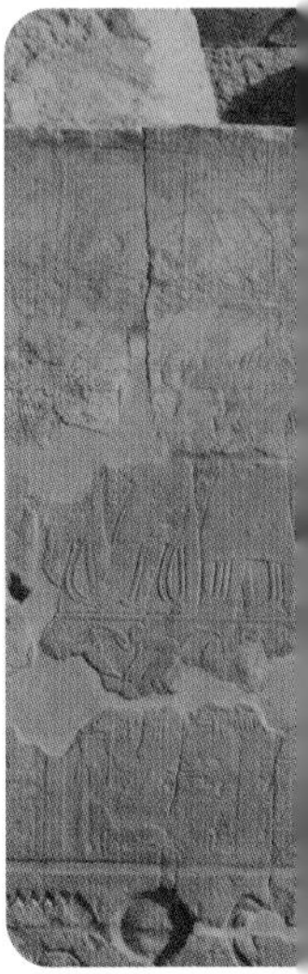

和金字塔作為帶有神祕色彩，或者奢華王權意象的異國符號也由來已久；近代挾帶優勢文化資本的西方，憑藉著電影、文學的推波助瀾，使得古埃及的文化符號在全世界都擁有極高的辨識度。因此，對於我這種在消費性符號社會中長大的臺灣人來說，初次見到吉薩金字塔和人面獅身像時，不只覺得沒有想像中宏偉，甚至覺得這些「真品」，反而更像是某些賭場或酒店的贗品。

除了觀光收益的務實考量，還有另一個重要的問題值得反省：如果對於「歷史保存」的想像只剩下單一向度或面貌，那麼這樣的歷史保存是否也會成為另一種暴力，抹除了其他存在於主流敘事之外的「複數歷史」？

作為一個「繼承」知名古文明的現代國家，埃及最不缺的就是古蹟和文物。開羅的埃及博物館名聞遐邇，展覽設計卻老派得理直氣壯，彷彿根本不怕觀眾不願意上門。不，與其說開羅的埃博是個老派的博物館，還不如說它是個可以購票參觀的古埃及文物倉庫，不少「沒那麼重要」的藏品，像市場裡的白菜蘿蔔一樣堆在地上。對這樣一個早就在靠歷史文化賺錢的國家來說，所有偏離主流敘事的「文化遺產」，在神廟、金字塔一旁都顯得微不足道。

任何對文化或歷史「保存」的意圖，都不是單純地「為保存而保存」而已。義大利的墨索里尼政權為了重新將義大利連結上羅馬帝國的榮耀，曾在全國各地開挖古羅馬的遺跡；埃及政府則為了觀光收益而積極「保存」文化遺產，革命期間，也都有公民為了相同理由自發保護埃及博物館。回看臺灣，就連《文化資產保存法》的訂立，都必須被放在中華民國退出聯合國之後，國民黨政權面臨統治正當性的背景脈絡下看待，首批被指定的一級古蹟，幾乎都與強化「臺灣與中國的文化連結」這個敘事有關。

終究，在討論貌似「政治中性」、總被與「挖掘歷史真實」聯想在一起的考古學與文化資產保存時，保存背後的政治目的或經濟價值也同樣重要。也就是說，「歷史意義」與「歷史價值」，終究是由社會建構出來的，距離「權力運作」，恐怕比距離「歷史真實」還要近得多。

不過，多數觀光客與埃及人民，大概仍無暇關切這些牽扯傳統與記憶的保存政治；眼下的安全威脅，大概是更現世、更切身的政治課題。二〇一一年埃及發生革命、穆巴拉克政權被顛覆推翻，動盪局勢讓當年的觀光產值旋即少了五分之一。動亂中，開羅博物館曾有座阿肯納頓法老的小雕像被幾個「革命暴徒」劫走，而法老手中的供桌，則在慌亂中遺留現場，裂成兩半。

阿肯納頓法老是個異數。他顛覆了古埃及因循沿襲幾千年對於阿蒙神的崇拜，將阿頓神奉為至尊。為此，他甚至連自己的名字都改了，讓阿頓的神聖緊緊鑲嵌在他的名諱之中。他在信仰上的改變不只是他個人的事情而已，還是以統治者的角色憑藉一己之好與無上王權，對整個社會進行由上而下的顛覆。

數千年後，阿拉伯之春的革命狂風席捲中東，怒吼的群眾則是由下而上地將各個現世獨裁法老推翻。諷刺的是，博物館玻璃櫃裡那些前世法老也在革命中連帶遭殃。好在失竊的雕像後來成功找回，博物館於是在雕像旁放上了新的解說牌，向逐漸回籠的觀光客解釋這段革命軼事。

雖然稍帶猶疑的觀光客好不容易開始重返埃及，但革命之後依循民主制度上臺的穆爾西（Mohamed Morsi），卻意圖擴張權力、獨攬大權，像穆巴拉克一樣想當個現

被革命暴徒盜走的阿肯納頓像。

世法老，背後反映的是政權更迭初期，埃及仍不穩固的治理結構，以及世俗派、穆斯林兄弟會與埃及軍方之間的傾軋與鬥爭。二〇一二年底開始，支持與反對穆爾西的群眾在全國各地進行了超過半年的對峙與衝突，讓埃及的觀光產業再次陷入低迷，直到現任總統塞西政變上臺之後才有所好轉。

旅店也是門好生意

我們初抵埃及時，聽聞開羅和北方大城亞歷山大港之間的鐵路，每個禮拜都至少會發生一次火車爆炸事件。有次我們搭不上便車，硬著頭皮上了火車，卻發現整節車廂的乘客都一派輕鬆，只有我們緊張兮兮。

在開羅期間，我們有天回到旅館，上網看了新聞才知道旅館樓下的街區在我們外出的時間裡遭到炸彈攻擊，導致一名路人喪命，我們卻渾然不覺。現場清理之後，逛街的人潮依舊，彷彿爆炸不曾發生，連旅店的老闆似乎都不覺得這有什麼值得提起。

原來，我們對於埃及的各種恐怖想像，對很多埃及人來說只是日常。他們的司空見慣，很像我們聽到別人問「搭便車難道不危險嗎」之後的反應，只是角色顛倒了過來。

我們投宿的廉價旅館原本由日本人經營，政變之後苦撐了數年，等不到觀光客回頭，老闆只好將旅社脫手轉讓給了本地人，但日式的名字卻保留了下來。旅館老闆危機入市，未來打算瞄準逐漸增多的中國背包客身上。

我們在埃及的公路上，曾遇到過不少中國背包客，有些還是騎著自行車橫越亞洲大陸的「窮遊驢友」。對於幾乎不論去哪都需要經歷繁瑣簽證手續的中國人來說，多數人走的壯遊路線，都是被簽證政策給「擠壓」出來的一條狹窄走廊：從簽證較容易取得的尼泊爾、印度開始，飛越阿拉伯海之後，再沿著東非大裂谷南下；而提供落地簽、聯外機票又便宜的埃及，便是這條路線上必經的節點。

艾哈邁德在盧克索的旅店也一樣，中國背包客已是客源主力。回到臺灣每次讀到關於埃及的報導時，我也總會回想起艾哈邁德。當時正逢農曆新

艾哈邁德的旅店。

年，我們在他的旅店勾留了幾晚捨不得走，乾脆一起除夕圍爐。

艾哈邁德家的女主人是典型的傳統埃及女性，我們從未和她對話過。她總在廚房、起居室裡忙這忙那，我們甚至連她的名字，都沒有機會知道。但她還是為我們準備了年夜飯，一大鍋燉魚配上白飯，我們顧不得吃相，連手指都想舔個乾淨。我們猜想艾哈邁德的孩子大概只有在客人上門時才有機會吃上一頓好的，就留了幾條魚給孩子。

年夜飯畢，我們自製了三個紅包袋，將零錢放在裡頭分送給艾哈邁德的三個孩子，不只是想表達棉薄善意，同時也要感謝他讓我們暫時不用誦唸「La'a shukran」這句咒語。

快給我錢！快點！

我們離開的前一晚，艾哈邁德突然面色凝重地找我們商談。

「你們能不能再多給我點錢。昨天的晚餐，你們給的錢太少了。」雖然語句內容聽起來像在請求，他的語氣卻有點強硬。看著艾哈邁德閃爍飄移的眼神，我們以為，艾哈邁德原形畢露了；我們既失望又難過，原來，他跟街上的掮客小販沒有兩樣。

他接著又說，我們沒有透過他訂旅遊行程，希望我們再多給他些錢。我們覺得不妥，畢竟前一晚付錢時他並沒有提出異議，但無論如何，我們在艾哈邁德家安心放鬆的堡壘已經潰倒。

隔天一早我們離開旅店，艾哈邁德氣喘吁吁地追上，威脅著我們索要五十埃及鎊。「快給我錢！快點！」這次我們真的嚇到了，只能按捺不安，試著好聲好氣地與他對話。然而他還來不及聽完，就揮手將我手上掛著的塑膠袋扯在地上，掉頭離去，一邊走著，嘴裡還不斷氣憤地咒唸著。

我們有些氣餒，但在情感上，卻又不想怪罪艾哈邁德。他轉身走後，陷在愧疚和驚詫中的我們，像是要掩蓋自己的罪惡感，心裡冒出許多惡毒的念頭：埃及人本性如此，所有表面善意的舉動都只是為了換取金錢利益，發現無法得逞時，便翻臉威脅，甚至出手恐嚇。即使貧窮，也應該有自己的原則和道德底線；精明如他，就算是為未來生意，也應該善待撈不到錢的客人呀。但我們的罪惡感仍是真實的：艾哈邁德索要的畢竟只是小錢而已，我們大可以付錢了事，皆大歡喜，何苦為了區區五十埃鎊，斷送一場萍水相逢的友誼和記憶。

事後回想起來，我們發現自己的憤怒裡夾雜著好心被狗咬的失落，以及對於經濟弱勢群體的自我投射，開始為自己帶有偏見的思考模式感到慚愧。

我們忘了某種被化約成人性的概念，或許是凌越地理空間、傳統文化、宗教信仰，在他和我之間最大的共通點。每一個人都立體複雜，絕不僅有一種態度一個面容，認為他唯一的樣貌就是誠懇貼心本就過於天真。人性的幽微之處或許有許多細碎的掙扎和矛盾並不光明，卻硬生生地存在。現實日子裡，總會有幾個黑暗角落或昏沉時刻讓碎片不經意穿刺而出，我們實在不應太感意外。

我們忘了整體指稱通常便是偏見的開端，輕易地用路上遇見的掮客代表「埃及人」，再把艾哈邁德當作證據，壓抑不住自己使用全稱的衝動，於是便草率地驟下定論。我們居然忘了社會環境那近乎魔幻的影響力，他無法掌控的政治動盪帶來預期外的觀光最低潮，壓在他身上妻小生活的重擔是他無從選擇的責任。

當然，我們激動的情緒或許還來自於某種對於「純粹關係」的追求。就像婚姻制度已逐漸和生育功能脫鉤，崇尚擺脫經濟利益、陪伴、甚至共同生活等目的，愈來愈被視為以愛情和承諾為主軸的「純粹」儀式。人們對於友誼有著類似的執著，認為真正的友誼應該要超越利益，也應該只是因為彼此欣賞、彼此投緣而建立的關係，而「擴展人脈」和「廣結善緣」則無關友誼，只是攀龍附鳳的手段一種鄉愿。

然而在現實生活中，這些「純粹」難以定義，更難捉摸。至今仍擁有這樣信念的人像是迷信的古代人，在反覆的儀式中確認純度，致力於消除雜質，看似徒勞且過於天真。或許，正是因為我們在前幾天的相處中，一廂情願地以為和艾哈邁德除了房客關係外還多了點友誼，才會因眼見只顧利益的「雜質」而難過生氣。

離開艾哈邁德、坐船回到盧克索東岸之後，我們把嘴邊常常掛著的「背包客旅遊責任」——選購當地品牌，不在跨國的連鎖店或外國人的商店裡消費——拋到腦後，逕直走向澳洲人開的青年旅館；那裡親切、無需討價還價，也沒有用意不單純的過分關心。如果來回講價、買賣者在各自的需求線和供給線上試探交會點，是「原始」的、前現代的市場經濟，那麼明碼實價、沒有不確定性的交易，無疑是習慣「超市式經濟」的我們當時迫切需要的。

古埃及的法老們為了在死後獲得永生，將自己的軀體製成了木乃伊；今日看起來，法老們的確依舊活著，並且仍在為他們已經改信伊斯蘭教的後代，招來滾滾財富。但終究，古文明動輒「西元前」的歷史感，會被當代的歷史稀釋或挪用，不再絕對地厚重和凝滯，因而注定得跟上現世脈動。而在埃及，那些脈動或許是貨幣經濟的周轉與困頓，又或許是廣場上的人民與坦克。

Chapter

8

約旦 Jordan

善惡與利弊交織的難民國度

我的祖父母，當年是被俄羅斯騙過來的唷

我們和法魯克（Fārūq）約在約旦首都安曼北郊的百貨商場前，他依約準時出現。初次見面，卻沒有一句噓寒歡迎，法魯克只用手勢示意我們跟他走，然後默默領我們坐上他線條剛硬、和他年紀外貌都很匹配的小轎車。前往他家的一路上，法魯克一言不發，我們以為他是個不苟言笑的嚴父。

進了家門、剛放下背包，法魯克就邀

我們到飯廳坐坐；餐桌上，一碟碟盤子裡已經整齊裝好椰棗、橄欖油、堅果以及麵包。房子裡四處掛著家庭合照，卻沒有年輕人日常雜沓的痕跡，一派老人獨居的格局。聽我們講話時，法魯克總要把左耳湊過來。原來，他不是寡言，而是重聽。在外頭人多聲嘈，就算說了話也聽不太到別人回應，於是他乾脆不說。但法魯克不只耳朵不太好，他的幽默感也需要一些時間適應。

我們在餐桌旁等著他把玉米餅雜燴端上桌的時候，他突然說：「你們知道嗎，我的祖父母，當年是被俄羅斯騙過來的唷。這道菜的食譜，就是他們留下來的。」

法魯克是車臣人的後裔。若不是已經年邁，他的頭髮其實是高加索式的深褐色。車臣人居住的高加索山北麓，從十七世紀開始成為俄羅斯和鄂圖曼帝國的交鋒處；車臣人擋在沙皇向南征戰的門檻上，抵抗俄羅斯併吞的鬥爭持續了將近一個世紀。直到一八六〇年代，車臣及其周邊區域，才正式被納入俄羅斯版圖。接續的政權不論是蘇聯或俄羅斯聯邦，都對車臣地區軟硬兼施，大抵上脫離不了綏靖和鎮壓的循環。上個世紀末的車臣戰爭，便是又一輪循環的高峰。

談起約旦境內的難民，一般人總免不了要想到巴勒斯坦人、伊拉克人，以及最近因為內戰而至的敘利亞人。但若要論近代難民族群的「資歷」，車臣人無疑是鼻祖之一。法魯克的祖父母早在十九世紀末，就從高加索地區、輾轉途經安納托利亞高原，最後在當時仍是鄂圖曼帝國領土的約旦落腳。

時至今日，上萬個車臣人後裔仍居於約旦。和後來抵達的其他難民族群不同，車臣人雖然也是穆斯林，卻不是阿拉伯世界的一分子；直到現在，車臣人依舊習慣說車臣語、吃車臣菜，並且保有車臣人的認同和習俗。約旦最大的車臣人聚居地，也在安曼北邊的郊區，距離法魯克的家不到半小時車程。

難民錢潮

隔天吃早餐時，法魯克翻出一九七〇年代他在德國發表的博士論文，興奮地指著斷層線與等高線和我解釋地下水的流動方向。法魯克幼時家境並不富裕，但他因為難民後裔的身分獲得了一筆獎學金前往德國留學，專攻水文地質學。

我們問他為什麼是這麼冷門的專業，他挑了一下眉毛反問我們：「你們覺得冷門？你們不是從約旦南部搭便車過來的嗎，難道沒看到一路上都是沙漠嗎？在這種地方，有什麼東西比水還重要？」

當然有東西比水還重要——或者，至少一樣重要。

二戰結束之後，海灣地區許多在戰前就已探勘發現的油源開始如火如荼地進行開採；眼巴巴看著鄰居暴富，約旦政府當然也沒有放棄發現石油的希望。挖石油不能只靠老天保庇、盲目鑽井，還得有地質學家四處勘查。法魯克當時覺得，水文地質學的關注雖然不同，但到底仍是地質學門下的分支，如果哪天想分石油熱潮的一杯羹，或許也不會太難。

法魯克探勘發現的溫泉瀑布。

但終究，約旦沒有靠石油致富，法魯克自己也沒有。拿到博士學位之後，他回到約旦，在安曼某個大學教書，直到幾年前才退休。沒有石油，也沒有資源和勞動力發展工業，那麼約旦拿什麼發展經濟呢？

「和平。只要周邊國家發生戰爭，然後難民湧入，就會有聯合國救助難民的經費援助，源源不絕。所以更精確的說，約旦靠難民賺錢。」

靠難民賺錢，聽起來當然不是什麼光彩的

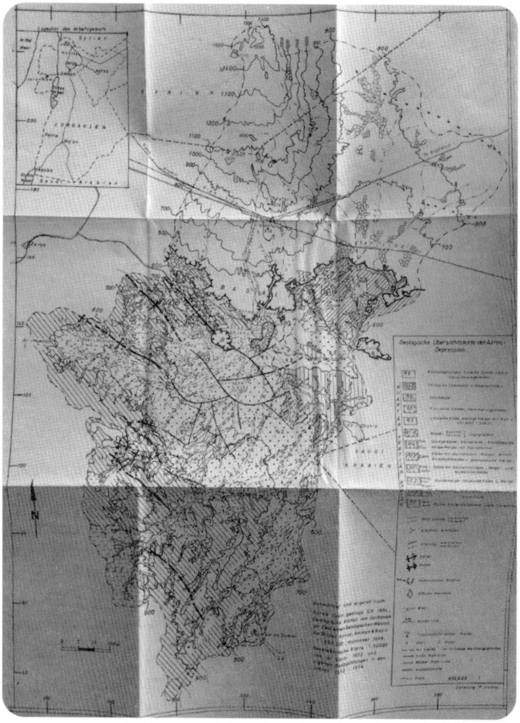

法魯克博士論文中附的地圖。

事，恐怕也只有像法魯克這樣的難民後裔才能如此坦然嘲諷。但約旦能透過收容難民在國際社會尋租，其來有自。

約旦除了是老牌的難民接收國之外，在「請求外援」這件事情上也是老手。自從一九二一年成為英國的保護國之後，約旦每年便名正言順地從女皇手中接下白花花的英鎊；一九四八年第一次中東戰爭之後，和大量巴勒斯坦難民一起湧入的，還有來自聯合國和美國的美元／美援。直到一九七〇年代，移轉性的外援資金都仍是約旦國際收支帳中舉足輕重的一欄。到了一九九〇年代，隨著巴勒斯坦難民「歸國」遙遙無期，因而逐漸成為約旦居民，外援金額也降至低點，然而此時外援的角色雖然不再像過去那樣吃重，而其他產業也開始足以支撐經濟，但外援依舊是約旦政府的重要財政來源之一。

除了經濟利多，難民議題也能帶來政治紅利。約旦和美國、歐盟之間的同盟關係，確保了「人道」、「發展」這些字眼能夠在約旦請求外援時提供說服力，而扮演好一個接納難民的東道主，也有助於約旦政府在國際社會的聲望與能見度。難民，於是就這樣成為約旦在進行政治談判時的一個重要槓桿。

二〇〇三年美國出兵攻打伊拉克，二〇一一年「阿拉伯之春」在敘利亞引發內戰，都讓難民和外援開始重新湧入約旦，也讓約旦的「難民經濟」再次復活。被戰場包圍的約旦儘管局勢相對穩定，卻仍無法避免受到波及。以往高度仰賴的出口市場深陷戰火，通往大馬士革和土耳其的道路也受叛軍控制，陸路的跨境貿易只能被迫停擺。

其實，對於約旦這樣一個從二戰結束之後就一直夾在戰場之間的國家來說，難民對於人口結構的影響，也一直都是令王室傷腦筋的課題。約旦的國土面積只有臺灣兩倍多，人口不到千萬，卻已經收留了百餘萬的敘利亞難民，沉重壓力可想而知。就絕對人數而言，約旦是現今世上收留敘利亞難民人數最多的國家，而就「難民人口和本國人口比例」而言，約旦承受的相對衝擊也僅次於黎巴嫩。

除了近期的敘利亞難民，約旦從一九四七年第一次中東戰爭，到一九六七年的六日戰爭之間，也已相繼接收了約一百萬名巴勒斯坦人；時至今日，約旦人口至少有兩成是這些巴勒斯坦難民的後裔。

巴勒斯坦人在約旦的聲勢愈來愈壯大，原本用來安置他們的難民營在約旦政府的默許之下，也逐漸成為巴勒斯坦解放組織的大本營。時日一久，這些難民營愈來愈像一個個擁兵自重的「國中之國」，巴解甚至還曾在難民營附近設置檢查哨，自行收稅。約旦國王胡笙一世（Hussein bin Talal）見狀漸感不安，擔心巴勒斯坦人要的不只是客居約旦、反攻建國，而是奪權篡位成為約旦的新統治者。

後來的事態發展也證明胡笙一世的擔憂並非全無道理。一九七〇年，約旦在美國的居中牽線之下追隨埃及腳步，開始與以色列政府進行和談。此舉不只激怒了巴解，也讓胡笙國王被巴解視為需要剷除的「背叛者」。他們嘗試暗殺胡笙國王，發動一連串的劫機事件，胡笙終於忍無可忍，決定清剿巴解，引爆了後來被稱為「黑色九月事件」的內戰。對於約旦王室來說，巴解在難民營中坐大根本是「飼老鼠咬布袋」，而「黑色九月」帶來的慘痛教訓，也改變了約旦政府後來對難民的態度和政策。

難民經濟是雙面刃

「約旦人一直以來都盡量張開雙臂、接納難民，但當然也有不少怨言。」把碟裡最後一塊麵包送進嘴裡後，法魯克開始談起難民經濟不那麼光彩的一面。

這些年來，初到約旦的敘利亞難民通常無法獲得合法工作證，但為了養家活口總得屈就，什麼工作都願意做。他們除了得忍受不合理的低薪與長工時，還時常被指責「搶了本地人飯碗」、是推高失業率的元凶。由於巴勒斯坦難民營造成的「國中之國」殷鑑不遠，約旦政府近年也開始捨棄「難民營模式」，讓大多數剛落腳的敘利亞難民與約旦本地人混居。然而民間住房的增長速度難以趕上難民湧入的速度，房租因此不斷上漲，搞得當地人也苦不堪言。在民怨的壓力下，約旦政府不得不在二〇一四年關閉敘利亞邊界，停止接納難民。

對於約旦的難民經濟，外界也不是沒有批評。比如有些組織便曾指控約旦政府為了多拿點外援會浮報難民人數，或者將原本應該用於救濟難民的經費挪撥給約旦本地人使用。甚至有傳聞指控，約旦政府在經手難民援助物資時會順手揩油「抽黑稅」。

「如果你是約旦政府的決策者，你要怎麼解決本國人的不滿，以及外界對你的批評呢？」一起收拾碗盤時，法魯克出了這個考題給我。

我當時隨口拋出了幾個想像，卻沒有猜到，約旦的難民經濟，後來已經升級到全新境界。

二〇一六年中，約旦政府竟然開始對敘利亞難民發放工作許可，並允許敘利亞難民的子弟接受教育。這些措施在當時看來簡直就是不可思議，因為連約旦人自己都不見得找得到工作。難民工作證政策出爐時，約旦的失業率才剛剛攀過百分之十五這個大關；到了二〇一七年，這個數字更已經竄升至百分之十八。約旦政府甘冒激怒本國國民的風險施行這些政策，旁人乍看之下可能難以理解。

但就在約旦政府決定核發工作證的同一年，約旦政府也從國際社會獲得了十四億美元的援助，比預期目標高出了三分之一，一掃連年外援經費無法達標的窘況，並額外獲得高達九千多億美元的優惠利率貸款。對約旦這樣的中等收入國家來說，這些根本是求之不得、破天荒的優惠。

這當然不是巧合，因為約旦當年與歐盟簽署了《約旦協定》（The EU-Jordan Compact，或直接稱作 The Jordan Compact）。在協定中，歐盟承諾對雇用一定比例難民的約旦廠商實施長達十年的進口關稅優惠。對於約旦來說，此舉可以打開歐盟市場、吸引外資，進而刺激經濟增長；對於歐洲而言，讓住在約旦的難民獲得更好的經濟機會，也可望間接降低難民前往歐洲的意願、減緩歐陸收容難民的壓力。

依據《約旦協定》，約旦政府打算在難民集中的地區劃設「產業特區」，讓難民可以留在特區內工作，並善用外資和出口至歐盟的優惠稅率把就業市場的餅做大。這些產業特區鎖定兩種企業，一種是雇用一定比例敘利亞難民的外商，另一種則是無法持續在本國進行生產的敘利亞廠商，可以只雇用敘利亞難民。

《約旦協定》傳達出的訊息和核心精神是，與其讓難民繼續打黑工、「搶飯碗」，還不如核發工作證給他們，將難民的地下經濟活動合法化。如此一來，難民便能從等待援助的對象，搖身一變成為現成的廉價勞動力，除了幫助約旦發展製造業、為政府增加稅收，也能讓難民的生活與工作受到法律的保障。再把格局放大點看，這些賦權政策也可以成為政績，繼續說服其他國際捐助者增加援助。就戰略和和平進程的角度來看，將敘利亞企業吸引到約旦也可以加速敘利亞的產業空洞化，讓敘利亞各方政權喪失稅基，進而使內戰缺乏資金、無以為繼。

如此看來，約旦協定彷彿成了難民援助政策的新典範。在過去，難民援助意味的是捐支票、蓋難民營；今日，則強調讓難民融入主流社會、幫助就業和經濟發展的配套措施。這些轉變反映出難民援助的思考和論述，近年來已逐漸由「人道」範型移轉為「發展」範型。換句話說，外援的目的，不再只是解決暫時的生存危機，而開始串連上長期的發展動能，難民也不再只是被動等待援助、必須和主流社會隔絕開來的危險群體，而是可以參與經濟發展的重要功臣。發明《約旦協定》的人，簡直可以同時獲得諾貝爾經濟獎與和平獎的提名。

看到這裡或許你還會覺得，這種化危機為轉機（甚至商機），以降低關稅、獎勵投資、開放市場，兼收政治效益的套裝方案，聽起來很耳熟？沒錯，這些計畫的背後，依舊有擅於危機入市的國際貨幣基金與世界銀行。實際上，早在約旦協定於倫敦簽署落定之前，聯合國難民署便已經和世界銀行合作與約旦政府進行遊說，確立了結合發展和人道援助的方案，並和約旦「展望二〇二五」（2025 Vision）的各種市場自由化計畫打包在一起。

值得一提的是，這種出於「發展範型」的難民政策雖然對於敘利亞難民而言頗具吸引力，但約旦境內的「老牌難民」巴勒斯坦人可就不這樣想了。人類學者尼爾・加比安姆（Nell Gabiam）進行田野調查時發現，這類結合「發展論述」的援助方案在巴勒斯坦難民營裡，經常被巴勒斯坦人視為用來「說服他們永久定居、放棄歸返巴勒斯坦」的說詞，背後是西方集團和以色列的「陰謀」。但對敘利亞難民而言，這層疑慮似乎並不存在。然而一旦敘利亞內戰結束，敘利亞難民到底要不要歸國，也將會是約旦政府必須面對的課題。

不過無論如何，約旦都顛覆了我對難民收容國的刻板想像。它並非只是被動、無助地枯等外援，而是一直都在嘗試將湧入的難民轉化為政治資本與談判籌碼；它巧妙靈活地遊走在捐助國之間，深知歐盟的政治需要，才能把難民問題這個燙手山芋，種成一棵閃著銀光的搖錢樹。結果也不令人意外：從二〇一六年起，就難民人均獲得的援助金額而言，約旦所獲得的國際援助，比起土耳其與黎巴嫩這兩個同樣收留敘利亞難民的國家都還要來得高。

約旦過往難民政策的改善，歷來都恰巧與美國和聯合國撥款的時間點吻合。這些巧合也讓人很難分清，所謂的外援經費到底是用來挹注在難民身上的及時雨，還是用來賄賂約旦政府、讓他們善待難民的保護費。

有心人甚至揣度，約旦遲遲沒有簽署聯合國用以規範難民權益的《難民地位公約》，或許也是有心而為之的：不和國際難民協定接軌，才能讓約旦政府保持彈性，在追求自身利益的前提下，策略性地調整國內的難民政策。

究竟，這種新型態的難民援助模式，對於約旦政府、約旦國民以及流離失所的敘利亞難民而言是不是好事呢？賦予難民合法工作權，會不會加深難民和本國人之間的齟齬、甚至排擠同樣弱勢的其他外籍移工？在本地的基礎設施和醫療服務趕上水準之前，《約旦協定》對約旦社會帶來的衝擊，又要如何衡量呢？更重要的還有，一旦敘利亞局勢穩定下來，這些敘利亞難民是要回國參與重建，還是要留在約旦呢？倘若大部分難民選擇回國，那麼因為《約旦協定》而繁榮的經濟，又會不會成為曇花一現？

但最讓我困惑的，其實是某種弔詭的對比：難民受害的時候，是媒體版面上一個個面目清晰、血跡斑斑的面孔；現在，卻又化作發展年報表格中的一欄欄數據。這種對比，就像法魯克輕鬆寫意、卻又帶點無奈地說著「靠難民賺錢」一樣，也點出了新自由主義發展修辭中常見的道德難題，是如何被「必要之惡」、「利大於弊」這些字眼給輕描淡寫地帶過。

然而，眼下戰火硝煙未散、難民生計問題更是刻不容緩，這些質疑無人有暇顧慮，或許也難有答案——就像法魯克當時在餐桌旁拋給我的那些難題，他自己也沒有答案。

繁榮故事的見證者

收拾好餐桌之後，法魯克提議開車帶我們出去走走。作為一個稱職的水文學家，法魯克為我們規劃的行程也十足水文特色。我們搭著他的車切過山脈、向海平面駛去，一路上居然黃花遍野，難得的滿地春意拉扯我們在車上搖搖晃晃的睏意，直到死海出現在我們面前。和約旦地表的荒蕪不毛一樣，死海一片死寂卻依然美麗。我們興奮地跳進死海裡，法魯克卻只是站得遠遠、微笑著看我們載浮載沉，然後再貼心扛來準備好的桶裝水幫我們洗掉身上的鹽滷。

但他最迫不及待向我們介紹的，其實是穆吉谷地裡的一個溫泉瀑布。法魯克把車子轉進荒山裡迂迴爬坡，最後停在一個度假村前；在四周岩壁的襯托之下，度假村格格不入，像是從紅海畔飛來似的。我們去過不少瀑布，有的壯闊懾人、有的涓涓秀氣，但在約旦的荒漠中看見瀑布，卻更像奇蹟。站在崖底的我們一邊醍醐灌頂，一邊聽著法魯克得意描述他當年如何探勘發現這個溫泉瀑布。

「你們不要小看難民。難民不只是任人擺布、靠人施捨而已，難民還會挖溫泉唷。」好在我們已經習慣他的幽默，雖然真的不太好笑。

位處不同文明交匯鋒面帶的約旦，征服者與難民總像雨霧那樣光顧滯留；而在西亞乾枯的土地上，水源又幾乎是財富的同義詞。法魯克當然有理由為自己車臣難民的血統，以及水文地質學家的身分感到驕傲——因為那些，正好也是約旦繁榮的故事。

Chapter 9

塔吉克 Tajiks

帕米爾高原上的家具商

沿著噴赤河往前走。

沿著噴赤河前行

遇上阿迪夫時（Atif），我正沿著中亞的噴赤河（Panj river）旅行。

這裡是帕米爾高原的邊緣，也是塔吉克和阿富汗兩國交界的邊境。從塔吉克戈爾諾－巴達赫尚自治州（Gorno-Badakhshan Autonomous Region）的首府霍洛格（Khorog）過來，一路上的風景，有一半是阿富汗的。有些河段收窄，甚至站在岸邊丟塊石頭都可能砸得到對岸的阿富汗人。

年紀大一點的臺灣人或許會覺得噴赤河聽來有點耳熟。在地理課本還以秋海棠為尊的年代，噴赤河曾是中華民國領土在地圖紙上的最西端。不過這個領土宣稱今日在臺灣都稱得上是冷知識了，真正住在噴赤河畔的居民聽了想必更會覺得是天方夜譚。

不過話又說回來，近代的噴赤河的確也與邊界這個詞頗有緣分。一八九五年，沙俄和英國簽訂了《帕米爾邊界委員會協定》（Pamir Boundary Commission Protocol）之後，兩國在中亞爭奪勢力範圍的「大博弈」（the Great Game）逐漸落幕，議定以噴赤河為界，並特意安插阿富汗充作英俄之間的緩衝。今日阿富汗那條延伸至中國的狹長走廊便扮演了緩衝帶的角色，將塔吉克（曾屬於俄國）和巴基斯坦（曾屬於英屬印度）分隔開來。蘇聯成立之後，噴赤河又繼續在冷戰時代將鐵幕拉上。

噴赤河兩岸的居民在歷史上往來頻繁，不論在文化、語言和宗教上都有許多共通點，卻在國界設下之後，隔水相望了一個多世紀，各自成為塔吉克人和阿富汗人。在這裡隔開人們的雖然看似是湍急的河水，但實際上卻是帝國在群山背後的意向動態和複雜的國際政治板塊。

——老人說，今天沒有麵包車可以搭——

離開霍洛格那天一早，我馱著背包往西邊走，目的地是城鎮最西邊的三岔路口。所有開往瓦罕谷地（Wakhan Valley）的車輛都會經過那裡，萬一等不到便車，至少還遇得到從巴札開出來的小麵包車。

豔陽下，我貪圖一戶人家圍牆邊的樹蔭，在牆下休息一會。抬頭往牆裡看，一個老人正好從屋子裡走了出來。和我對望了兩秒後，老人對我招了招手，示意要我走進院子裡，然後轉身走進屋裡，拿了個大鋼盆出來，開始利索地彎下腰在院子裡撿那些落得滿地的杏桃。用水沖洗過後，他將滿滿一大盆的杏桃遞給我。

八月分是中亞杏桃成熟的季節，不管走到哪，經常都能在地上看到成片的黃色果漿；因為實在太多了，這些杏桃連拿到市場去賣都嫌費事。我咬了一口杏桃，對老人報以微笑。見我喜歡，他索性把剩下的杏桃裝進塑膠袋裡塞給我。

我說我要往瓦罕河谷去，他瞪大著眼看我說，「今天是禮拜天，沒有麵包車的。」沒有麵包車，但運氣總還是有的吧。

霍洛格西端的岔路口其實還算差強人意，從鎮中心以及從河谷南岸來的車流在這個

路口匯合，岔路邊上還有加油站和一個空蕩蕩的候車亭，至少等車時還能有些遮蔭。

等了十五分鐘，經過的寥寥幾輛車幾乎都是去加油站的。唯一在我面前停下的，是輛麵包車，可惜是往霍洛格鎮上開去的，方向不對。坐在駕駛座上的大叔搖下車窗，問我去哪，咧開的嘴裡滿是銀牙，像掛在帕米爾公路兩旁的雪山一樣，在刺眼的陽光下閃閃發亮。原來有人包了他的車從瓦罕河谷裡的某個村子過來。我看了看後座，是一家五口人，車裡還塞滿他們大包小包的行李。司機自然不想空車回去，說如果我願意付點錢的話待會可以把

我捎上，不過他得先去巴札找找有沒有其他要搭車的人。

水利工程師歐伊莎

等不到小麵包車重新出現，一輛近乎全新的休旅車便在我眼前停車了。一個戴著太陽眼鏡、裝扮時髦的女人，從前座車窗中探出頭來用英語問：「你要去哪？」

「伊許卡辛（Ishkashim）。」瓦罕公路路況不好，我想今天大概也去不了多遠，便選了前方會遇到的第一個大城鎮作為目的地，那裡距離霍洛格大約八十公里。

「我們不會去到那麼遠。我們只是要去噶姆恰許瑪（Garm Chashma）泡溫泉，不過可以載你一段路。」她的回覆字字分明，那是我在中亞旅行一個多月以來聽過最流利的英語。

車廂裡瀰漫著人造皮革的俐落氣味，坐在後排的兩個男子笑著挪出一個位子給我。原來車上的人都在一間私營的工程顧問公司工作，從首都杜尚別來帕米爾高原勘查供水工程，正要趁閒去溫泉療養院度週末。

搖下車窗邀我上車的時髦女性，是一位水利工程師，叫做歐伊莎（Oisha）；她告訴我，歐伊莎源自阿拉伯文，在塔吉克幾個比較虔誠、穆斯林比例較高的地區，是個頗受歡迎的女性名字。歐伊莎在帕米爾山區出生，而另外兩位來自亞塞拜然和英國的外國專家不懂這裡的語言，因此由她充當地陪。不過在這附近長大的歐伊莎其實也很少回來。

「所有人都到首都去了。那裡才有工作……不對，其實連首都都沒什麼工作機會。大多數塔吉克人都出國打工了。」歐伊莎說的沒錯。根據統計，塔吉克今日有四分之一的國民在國外打工，而我們一路上遇到的人也多半都有在俄羅斯工作的經驗。之所以是俄羅斯，也是拜前蘇聯的紐帶所賜，塔吉克人赴俄羅斯不需申請簽證，而且多數人都能以俄語溝通。或許是委靡的經濟影響不到她，歐伊莎的語氣平淡如水，又隱隱帶著自信，彷彿她能夠留在塔吉克工作、又能過上舒適生活這件事本身，就已經足夠證明她的專業能力。

「塔吉克現在看起來很國際化，首都裡什麼餐廳都有。你看，這輛車子裡就坐著這麼多國家的人。」我想不到該搭什麼話，唯唯諾諾地點頭稱是，畢竟我上車之後，車內乘客的國籍組成的確更多元了。

看我沒接話，歐伊莎毫不在意，繼續滔滔不絕：「不過啊，就算是三十年前，塔吉克的國際化程度，也不見得比現在差，境內有來自蘇聯各地的專家不說，還有分發至此的各路蘇聯士兵，從烏克蘭到喬治亞人都有。」

「那麼，塔吉克人現在的生活，跟蘇聯時期比起來又如何呢？」

「你很難說過去和現在哪個好，有人喜歡現在，當然也有人緬懷過去。在我看來，我們只是不再有蘇聯這個保母繼續照顧我們了。擺脫依賴沒有不痛苦的，雖然經濟差強人意，但以一個剛獨立沒多久的國家來說，能維持和平穩定就已是萬幸。所有人都知道我們的總統貪汙獨裁，但光就國家穩定這點，沒人覺得有誰可以做得比他更好。」

和平穩定？那真的得看跟誰比了。的確，幾乎和貧窮與恐怖組織畫上等號的阿富汗就在河的對岸，偶爾才能看到幾輛雙載的摩托車在河床和山壁之間捲起滾滾沙塵。相較之下，塔吉克這岸的公路雖然碎石水窪沒有少過，但至少還是用柏油瀝青鋪的——而且至少，這裡沒有塔利班。

巴基斯坦家具商阿迪夫

一路上工程師們說說笑笑，直到公路在一個林蔭特別茂密的地方岔成兩條路，我要繼續前往伊許卡辛，只能在這裡下車。接下來的兩個小時，我一邊徒步向前，一邊注意後方來車、隨時準備攔車。斷斷續續換了幾趟便車，但駕駛都是要去附近村裡修房子的工頭，沒法載我太遠。

最後，一輛已經客滿的麵包車主動停了下來，司機開了一個實惠的價格，能帶我到我的目的地朗嘎村（Langar）。麵包車裡一共有兩個小孩、三個女人和兩個男人，司機吆喝幾聲，眾人便順從地交換手上抱著的孩子、調整腳邊行李的角度，然後從地板上堆滿的哈密瓜和西瓜之間挪出條活路給我。在這樣的麵包車裡，乘客跟貨物似乎並沒有太大分別。

麵包車每走幾公里就會彎進小路，在某個不起眼的房子前停下。這輛車的乘客都是從城市返鄉的人們。我在車上旁觀他們先後下車、卸下從城裡帶來的禮物和行李，然後和衝過來的親友擁抱，像在看一部色調暖甜的公路電影。

下午四點半，麵包車終於抵達朗嘎村。司機沒有問我意見便擅自在一個地方停車，然後指了指遠方一幢木屋示意我下車。木屋外貼著閃亮亮的金屬隔熱板，第二層的露臺還擺著幾張躺椅，在放眼望去盡是平房和農地的村子裡，這幢木屋不像旅店，反而像個華麗又堅實的堡壘。

像命運牽引，我就是在這裡認識阿迪夫的。

他的休旅車就停在旅店門口。走近一看，他正忙著跟司機交涉、卻不諳俄語，只能一邊用英語雞同鴨講，一邊比手畫腳。在公共交通不發達的帕米爾高原，觀光客包車並不是罕事，但那些觀光客往往是歐洲人。或許是知道自己的南亞面孔不太尋常，阿迪夫主動和我握手、介紹自己，看起來堅定又自信。

阿迪夫是巴基斯坦人，大部分時間都住在巴基斯坦最大的城市喀拉蚩（Karachi）。年近四十歲的他，一身新穎的戶外裝扮、身材結實，完全不像快要步入中年的樣子。

他的英語流利、態度溫和，語氣巧妙地介於謙遜與客套之間，天南地北都能聊上幾句。

跟那些來觀光（或征服高原）的西方人不同，他是來做生意的。霍洛格今年有個大學即將落成，他作為學校裡所有家具的供應商，親自飛來監督安裝工作。週末工人休假，他閒得發慌，於是便聘了一個司機載他到瓦罕河谷來兜風。聽到我靠便車移動，阿迪夫大方提議隔天載我一程，我當然沒有理由拒絕。

瓦罕河谷人煙罕見、餐館難尋，在旅店投宿，房費往往也包含晚餐和早餐。在餐桌旁等老闆娘上菜時，我和阿迪夫聊起他的生意。一個巴基斯坦的家具商，到底為什麼會把業務擴展到塔吉克來？何況這裡還是塔吉克的偏鄉，交通不便，像他那樣把家具大老遠運過來有賺頭嗎？

聽了我的疑問之後，阿迪夫先是遲疑了一下，接著神祕兮兮地湊了過來。他低聲問我：「你聽過伊斯瑪儀教派（Ismailism）嗎？」

伊斯瑪儀教派是伊斯蘭教什葉派的一個支脈，世界各地的信徒約有兩千萬人，主要集中在巴基斯坦、印度和阿富汗，不論什葉派或遜尼派，都經常將伊斯瑪儀教派視作異端。在以伊斯蘭教為文化基底的塔吉克，大部分人都屬於遜尼派，只有戈爾諾－巴達赫尚自治州的「帕米爾人」以信奉伊斯瑪儀教派的什葉派教徒居多。

「雖然比例不高，但巴基斯坦也有些人是伊斯瑪儀派的。不過我不是喔，別誤會了。」他急著跟我澄清，雖然我完全不知道他為什麼需要這麼做。「霍洛格正在蓋的學校叫『中亞大學』，出錢的人則是阿迦汗（Aga Khan）。他是伊斯瑪儀教派的精神領袖，住在瑞士，非常有錢。我只是剛好有認識的朋友是伊斯瑪儀教派的，他認識這裡的人，就把我介紹過來了。」

夏季的帕米爾高原天黑得晚，他指向窗外在夕陽下閃金光的雪山說，「看到那些山了嗎？那背後就是興都庫什山，再過去就是巴基斯坦。」

雖然巴基斯坦近在眼前，但要把家具運過來並不是一件容易的事。阿迪夫苦笑著說，從喀拉蚩出發，貨車必須經過局勢詭譎多變的阿富汗，避開受塔利班控制的地區，接著從塔吉克南部的關口過境，然後再沿著噴赤河一路顛簸兩百公里，單程至少要耗費五個整天。

—前往霍洛格—

隔天早晨，我坐進阿迪夫包的日產休旅車，準備舒舒服服地回到霍洛格。車開到半路，一個塔吉克婦女攔下我們的車，和司機交涉一段時間之後，也上車坐到了我的旁邊。付了錢包下整臺車的阿迪夫，眼見司機沿途攬客賺外快卻無意阻止；慷慨助人，是他引以為傲的穆斯林特質。

前往霍洛格的路上，阿迪夫特別要司機繞進山谷上方的羊城遺址，再到知名的比比法蒂瑪溫泉看看。比比法蒂瑪溫泉是個野溪溫泉，泉水從狹窄溪谷的岩縫中流出。來此的遊人多了之後，有人在溪谷上建了一座平房「罩住」溫泉泉眼，方便男女在不同時間輪流進去，周遭也興建了其貌不揚的「療養院」。

有些中亞的旅遊指南會把一些療養院納入景點清單，但附帶的簡介常常充滿「老派」（old-fashioned）、「蘇聯風格」（soviet-style）這些字眼。對於大多數觀光客來說，這些字眼還是帶有負面含義。這些遍布中亞的療養院最初是跟著蘇聯一起出現的，從一九二〇年代開始，便結合醫療設施、健檢設備以及「度假券」的獎勵機制為勞工提供假日去處，讓休閒結合強身。在蘇聯，即使是個人的娛樂放縱，也仍要嚴肅地為國家與集體服務。儘管今日有些療養院失修凋敝、有些則私有化轉型升級，卻仍都是蘇聯勞動體制和烏托邦精神的見證。

出發到中亞之前，我曾在學校修了一年的俄文課，當時老師指定使用的課本據說是在蘇聯時代編印的，但因為臺灣沒有引進，學生只能購買複印本。想來俄文在臺灣畢竟還是冷門語種，使用複印本並不令人意外，但看看那些線條俐落（或者不如說有點僵硬）、沒有套色的插圖，想必就算買的是原版課本，跟手中的複印本差異也許不大吧。不過，儘管課本排版、插圖、字體的美學風格令人不敢恭維，附記的英文也錯字連篇，卻有很多耐人尋味的細節。比如插圖人物的髮型奇異，職業也永遠只有三種——老師、醫生，以及工程師。再比如學用名詞第六格來談論地點時，例句裡人們上班的地方只有「工廠」卻沒有「公司」或「辦公室」，週末的休閒則是去「劇院」和「馬戲團」，實在十足蘇聯風格。其中最令我匪夷所思的單字就是「療養院」，第一次看到的時候只覺得納悶，到底為什麼要把這麼奇怪的東西放在初學者的單字清單裡啊？

後來才知道，療養院是結合蘇聯體制和俄羅斯文化的產物之一。和臺灣人用「冬」來計算年數的習慣恰恰相反，俄文的「年」這個字原本是「夏天」的意思。但其實也不難理解：如果你一年的生活裡有一半要與冰雪為伴，大概也很難不像俄羅斯人那樣珍視夏天。我的俄文老師曾不止一次強調，要莫斯科人在夏天時留在城裡、不去南方海濱湖邊度假，根本是不可能的事情。俄文中的「療養院」常常和夏天有關，不見得是什麼病人才能去的地方，如果上網搜尋這個俄文關鍵字，出現的條目也大部分都是度假村之類的地方。

話說回來，我之所以很喜歡俄文，其中一個原因大概也和那本充滿蘇聯遺風的課本脫不了關係；而從「療養院」到「度假村」的語意過渡、符號殘存，大概也和那本課本一樣，都是蘇聯殞落、帝國幽靈隱隱存續的例子之一。

或許蘇聯式的療養院不合阿迪夫的胃口，又或許裸身與陌生人坦誠相見並不是他的習慣，明明他才是包車的人，卻不願意與我們一起進去溫泉池。我和司機不好意思讓阿迪夫等太久，並沒有在溫泉池裡待太久，便又重新回到瓦罕公路上。

不能提的伊斯瑪儀派回教徒

最後我請阿迪夫讓我在霍洛格的帕米爾旅社（Pamir Lodge）下車，那裡是背包客在帕米爾高原上的大本營。幾乎所有我在路上遇到的人都和我推薦那裡，我甚至連霍洛格這個地名都還唸不太出來，就已經先記住「帕米爾旅社」這個名字了。

「你要去帕米爾旅社啊？那裡的人我很熟，我也順便去打聲招呼吧。」去年冬天，阿迪夫就為了工作來霍洛格做前期測繪，當時也住在那裡。

帕米爾旅社距離霍洛格市中心有段距離，位於河岸南側的一個高地上，隱身在不起眼的民宅和學校操場之間，和它遠播的名聲不太相稱。阿迪夫剛下車就忙著和旅社員工噓寒問暖。後來阿迪夫和我說，這個旅社原本是一個巴基斯坦人的家，而開旅社其實是為了籌措興建信徒聚會所的經費。

另一個巴基斯坦人？從來沒想過我在帕米爾高原會遇到這麼多巴基斯坦人。「所以他也是伊斯瑪儀派的回教徒嗎？」

一聽我這麼問，阿迪夫的臉色瞬間變了。他又一次壓低聲音，嚴肅地要我別再這麼大聲提到「伊斯瑪儀」這幾個字。看他突然變臉，我更疑惑了。伊斯瑪儀派在這裡，不是主流的穆斯林教派嗎？都能出錢在這裡蓋大學了，為什麼仍像是禁忌一般必須避談？

在中亞待上更長一段時間之後，我逐漸了解，在這裡，宗教經常是個尷尬的話題。箇中原因，則又必須從蘇聯開始講起。

蘇聯是人類歷史上領土最遼闊的國家之一。他們曾經試圖打造一個「向前看」的新國族，不論中亞人、高加索人，或是韃靼人都可以在社會主義的召喚之下，加入這個超越族裔、文化、宗教的共同體，共同展望平等富足的未來。因此就像時髦的工程師歐伊莎所說的那樣，直到蘇聯解體之前塔吉克其實都非常的「國際化」，而中亞各國的「國界」也幾乎只存在於地圖上，在日常生活中並不妨礙蘇聯各國人民的來往，使得原本就有不同族裔混居的塔吉克更加像個「小聯合國」一般。

然而蘇聯垮臺後，包括塔吉克在內的中亞國家卻開始「向後看」，紛紛從史書和古代的文學作品中尋找靈感，回溯建構國族神話，以便在剛獨立的國家裡確立新的認同基礎，進而強化統治者的正當性。在這些新國族神話建構的過程中，作為中亞近代文化基底的伊斯蘭宗教成分，很難不被夾帶包裹進去。

舉例來說，塔吉克總統埃莫馬利・拉赫蒙（Emomali Rahmon）就偏好以薩曼王朝（Samanid Empire）作為塔吉克人在歷史舞臺上登場的起點。然而水能載舟、亦能覆舟，薩曼王朝其實並不是一個方便的國族神話。

拉赫蒙一方面宣揚薩曼王朝的輝煌榮光，一方面又得小心翼翼淡化王朝始祖後來皈依伊斯蘭的歷史事實，避免被伊斯蘭極端分子「斷章取義」，因為這些中亞國家才剛獨立，權力結構仍不穩固，許多舉著伊斯蘭旗幟的武裝團體也紛紛崛起。也因此，塔吉克從一九九二年到一九九七年的內戰，就經常被過度簡化地視作「伊斯蘭復興」所帶來的惡果。

換句話說，中亞這些剛獨立的世俗國家，一方面要靠歷史記憶來動員國家認同，一方面又要謹防泛伊斯蘭認同動搖政權；統治者期待伊斯蘭教在文化上的靜態意義和道德規範能為國族帶來鞏固安穩的邊界，卻又對泛伊斯蘭思想在政治上潛在的動能抱有戒心。

深入中亞的外國勢力

在中亞期間，我曾不止一次聽人指控中亞各地如雨後春筍般新建的清真寺，都有「外國資金」和「宗教勢力」在背後支持。對於這些仍在習慣國界、鞏固國界的中亞政府和人民來說，所有與境外勢力有關的指控都格外容易引人猜忌。這點，或許能部分解釋阿迪夫的忌諱。

然而來自境外的力量，也不只是伊斯蘭勢力這麼單純而已。

中亞大學的建校資金並非全都來自伊斯瑪儀派的「阿迦汗基金會」（Aga Khan Foundation）。從公開的資料來看，建校的經費至少有三到四成的比例來自美國的「海外民間投資法人」（Overseas Private Investment Corporation, OPIC）。這個投資法人是一個美國政府機構，主要任務是為海外投資計畫提供或擔保融資，幫助美國企業在新興市場拓展業務；常被視作新自由主義旗手的索羅斯，也和這個機構關係密切。正因如此，中亞大學也經常標榜自己提供的是純美式的教育。

那麼阿迦汗基金會呢？這個銀彈充足、帶著宗教色彩的神祕組織，為何會和美國人合作建校呢？除了援助發展之外，他們到底還有哪些目的？

如果細數他們投注資源的對象，便會發現他們的活動範圍其實不限於伊斯瑪儀教派盛行的地區。阿迦汗基金會隸屬的「阿迦汗發展網」（Aga Khan Development Network, AKDN）除了有醫療、教育、學術等援助機構之外，還有「阿迦汗經濟發展基金」（Aga Khan Fund for Economic Development, AKFED）在欠缺外國投資的地區發展經濟。

這個阿迦汗經濟發展基金，可不是什麼等閒之輩。它目前在全球擁有至少七十八家公司，員工數超過三萬五千人，帳上營收超過十五億美元。光是位於美國華府的「阿迦汗基金會美國分部」，二〇一五年度的收入就高達五千多萬美金，其中有近半來自美國政府的資助。

阿迦汗經濟發展基金在塔吉克投資的事業，包括首先進駐戈爾諾－巴達赫尚自治州的電信業者Tcell，以及公私合營的「帕米爾電力公司」（Pamir Energy），都跟基礎設施有關，也的確有利於經濟發展。不過這種一手援助、一手賺錢的模式，也讓阿迦汗儼然成為帕米爾地區的影子政府，同時也惹來了一些質疑：最初的人道援助，是否只是為了未來的市場和盈利鋪路？高原上的奇蹟儘管包裹賦權、自由的修辭，卻也很難不被指控為贏者全拿的新自由主義案例。

但不能否認的是，早在中亞大學的計畫之前，阿迦汗的組織就已經在塔吉克耕耘許久。塔吉克內戰爆發時，波士尼亞戰爭正打得如火如荼，導致當時西方世界幾乎都聚焦在巴爾幹半島，無暇顧及中亞，為阿迦汗基金會製造了進入中亞的絕佳空隙。

然而就算有其他遜尼派NGO想進入塔吉克，也並非易事。一方面，在內戰中和塔吉克政府對抗的反叛軍聯盟，就是以遜尼派為主的伊斯蘭武裝組織，因此帶有遜尼派色彩的NGO容易引起塔吉克政府猜忌；另一方面對於遜尼派反叛軍來說，讓阿迦汗這個什葉派NGO進入其控制區，也可以營造遜尼派願意跟什葉派攜手合作的溫和形象。

內戰結束之後，阿迦汗發展網繼續成為整個巴達赫尚地區裡最活躍的NGO，並和美國國際發展署（United States Agency for International Development, USAID）

攜手持續提供民生物資和公共服務，興建了許多學校和醫院。

由於中亞在經濟上愈來愈像中國的市場腹地，在軍事上又愈來愈向俄羅斯靠攏，在中亞處於弱勢的美國，在阿富汗戰爭結束之後便試圖將當年打仗時用的補給路線「由軍轉民」，以「新絲路計畫」（New Silk Road Initiative）這個新名稱粉墨登場。美國人期待，這個計畫可以將阿富汗變成樞紐，打造出一個南北向的貿易動脈，和東西向的中國「一帶一路計畫」抗衡。然而美國人的計畫不論口號和利基都遠不如中國的吸引人，反而只像一個為了穩定阿富汗而設計的區域振興方案而已，最後無疾而終。

因此，像阿迦汗基金會這樣一個挾帶優勢話語權和「普世價值」的組織，便成為美國在中亞對抗中俄兩國時，少數可以運用的重要槓桿。畢竟任何人都不能否認，阿迦汗基金會的投入長期下來，的確為戈爾諾－巴達赫尚自治州提升了生活水準；和塔吉克其他地方相比，自治州首府霍洛格的社會氣氛更為開放，西方的民主價值觀也更深植人心。

這些差異也導致戈爾諾－巴達赫尚自治州，愈來愈像個塔吉克境內的國中之國。事實上，居住在此的「帕米爾人」，本來就是由許多不同的部族組成，各自說著與標準塔吉克語不能互通的語言，亦不見得認同自己是塔吉克人。若不是在戈爾諾－巴達赫尚自治州出生或工作的塔吉克人，來此還必須申請通行證才能通過公路上一個又一個的檢查哨。

除了塔吉克，中亞大學在哈薩克和吉爾吉斯還有另外兩個校區，有著類似的資金來源，也同樣都以「全球」、「連結」與「開放」作為關鍵字，迎接嚮往西方自由的中亞學生。

這些在帕米爾高原上的學校和旅店，映照出的或許也是整個中亞地區在後蘇聯時代所面臨的處境：不斷洶湧壓境的跨國資本、被一刀劃成正義或邪惡的宗教力量，以及那些像是油漆未乾、但已沾滿塵埃的各種國族界線。十九世紀英俄之間的「大博弈」儘管早已落幕，但賭桌仍在，酬金似乎也變得更誘人了。

於是我又想起阿迪夫。直到和我道別之前，他都沒有再提起中亞大學和伊斯瑪儀教派。那晚在餐桌前，阿迪夫面對我的追問，只悠悠地說：「我是個生意人。不管是基督徒還是穆斯林，能讓我賺錢的，都是好朋友。」

不知道此時此刻，他那載滿家具的貨車，又正要開向何方。

Central Asia ////// Balkans ////// South Ameri

Part. 3

國與界

Chapter 10

希臘 Greece

開往文明懸崖的A2公路？

再好的人心都會墮落

我們的希臘沒有愛琴海的藍與白，只有淒風苦雨。為了逃離地中海型氣候，我們頭也不回地向北前進，一路上衣服總濕了乾，乾了又濕。雨愈下，我們愈擔心駕駛會因為怕我們弄髒車廂，不願意為我們停車。這時候，通常貨車司機會比小轎車司機來得友善。

我們在希臘北部攔便車北上阿爾巴尼亞時搭上了伊薩克的車。雇用他的貨運公司受德國連鎖超市利多（Lidl）委託，從希

臘運送羊乳起司去奧地利，回程則把各種日用百貨運回希臘。

他剛從羊乳起司的知名產地特里卡拉（Trikala）出發沒多久，就在公路上遇到舉著拇指的我們。「我們做的起司好吃，德國人怎樣就是做不出來。」無論希臘的經濟再怎麼軟弱而潦倒，伊薩克對希臘起司的自豪仍像雅典衛城的岩盤般堅硬。

從希臘到奧地利，他的車不取道和希臘相鄰的阿爾巴尼亞，反而上渡輪、橫越亞得里亞海，到了義大利再繼續北上。我們好奇他為何多此一舉，不直接走陸路、從阿爾巴尼亞北上，他告訴我們那要花太多時間。巴爾幹半島上的前共產國家不僅公路品質不好，也不是申根區，每過一次境就是各種文件手續，太過麻煩。

他所行駛的A2高速公路幾年前才完工，就是為了方便希臘卡車接上渡輪，甚至還被納編進歐洲高速公路網（International E-road Network），終點位於葡萄牙。歐洲高速公路網是聯合國歐洲經濟委員會（United Nations Economic Commission for Europe）建立的公路編碼系統，目的是在同一個編碼系統之下整合歐陸各國原本各行其是的公路網；除了方便各國之間的交通來往，也間接促進歐盟的政治整合。

歐盟作為超國家的體制，仍然試圖和既有的國家體制並行不悖；關於這點，公路一旁的路牌恰恰是很好的演示。在六角形的希臘公路編碼「A2」一旁，還另外標示了圓角長方形、綠底白字的「E 90」，為其他的歐洲駕駛指點迷津。

我們後來學會：在中歐想往義大利半島走，攔希臘車牌的卡車準沒錯；如果想往羅馬尼亞、保加利亞前進，土耳其卡車則多半不會讓我們失望。畢竟，義大利和希臘今日同是歐盟內的「好朋友」；而保加利亞，以及大半個巴爾幹半島，則曾經都是鄂圖曼土耳其帝國的版圖。我們在地圖上揣想便車路線的同時，也一併複習了歐洲人前世今生的恩怨情仇。

可惜的是，我們並沒有要去義大利的計畫，只好要伊薩克放我們在通往約阿尼納

（Ioannina）的出口匝道下車。他不像其他駕駛總把我們丟在高速公路上那樣，而是特地駛下交流道讓我們從容落地；臨別前還急忙寫下自己的地址電話，要我們路過他老家時聯繫他，最後一臉不解地問我們為什麼不在希臘待久點。

「阿爾巴尼亞人很壞的。」他說。

我們看著他把笨重的大卡車重新開上高速公路，然後坐在路邊休息了一下。下匝道往市區的車流速度太快，路邊也沒有充裕空間讓駕駛停車，我用手機裡的地圖看了看空照圖，決定往市區的方向走，一邊向今天的目的地挺進，一邊找適合等便車的位置。

沒有多久，一個手臂上爬滿刺青的年輕人為我們停車了。通往市區的路程不遠，我們只停了幾個紅燈，還聽不完他如何數落希臘的就業景況。我們不斷稱讚希臘人的友善與起司，他只冷冷地說，經濟這麼差，再好的人心都會墮落。

一總有用處的希臘文一

在希臘時，搭便車除了和駕駛聊天，通常我都在努力辨識用希臘文書寫的路牌。學會辨識這些字母，對於認路、點菜都有幫助，百利而無一害。好在這些希臘字母也不全然就是陌生，再怎麼和數學無緣的臺灣學生，都曾認識過幾個希臘字母。

對我來說，學讀希臘文其實是一件年輕的事，因為那喚回自己大學生活的記憶片段。比如無論怎麼樣都爬不起來去上的早八微積分課的痛苦睏意，或者午飯後上統計學總飄散不見的注意力。希臘字母在數學科中的戲分太重，幾乎讓我誤以為希臘人學微積分或統計學比我們容易。

在開始辨認希臘字彙含義之後，學讀希臘文的經驗則又可以被歸結為一連串「原來如此」的驚呼。

這種解碼過程，有時候是希臘文裡流動的抽象字彙被其他語言引用、凝固成為一個特定事件的代號，比如在觀光景點、地鐵站裡經常看到的「έξοδος」（exodos，出口），同時也是後世對摩西帶領猶太人出走埃及的代號（*Exodus*，《出埃及記》），害我每次在雅典地鐵站裡找尋出口時都覺得莊嚴神聖。

有時候希臘文又會從一個個響叮噹的名號，融解成匿名的質地，比如雅典娜以療癒之神的形象守衛雅典子民，被稱作「Υγεία」（Hygieia），輾轉到了英文字典裡卻成為「hygiene」（清潔衛生），彷彿女神遭貶落人間，今日在英語世界裡打掃衛生。

但有些時候，希臘文帶給我的樂趣其實很簡單也很童趣。比如在希臘文裡，馬是

ἵππος（hippos），而「河」則是 ποταμός（potamos），於是我小時候一直無法理解河馬（hippopotamus）究竟哪裡像馬的困惑，在希臘終於獲得語源學式的解答。雖然有點牽強，但無損趣味。

再說，當時我們還不知道，這些希臘字母就算到了阿爾巴尼亞，也還能有些用處。

柯尼察的凱薩琳

日落後，我們在約阿尼納湖畔找到了空地搭起帳篷，隔天又趕在天空全亮之前，再把帳篷收起；每次一早看著過夜的地方沒有一點我們留下的痕跡，我總會油然感到得意。我們睡眼惺忪地沿著公路往城市的盡頭走，早晨的通勤車流也一副無精打采的樣子。

我們最後在機場前面的十字路口找到適當的候車地點。這裡的紅綠燈變燈頻繁，能有效放慢川流的車潮，方便司機為我們停車，同時又有外環道路匯入，帶來許多繞過約阿尼納、目的地在北方的車流，遇上長途便車的機會也大一些。但這並不代表接下來就全是坦途了。

愈接近阿爾巴尼亞的邊境，搭便車便愈困難。畢竟開車跨境的人本就不多，就算是要過境的駕駛，也不見得願意載陌生人過境。

到了正午，我們先後換了幾趟短途的便車，一共只推進了不到三十公里。又等了一個小時，早上買來充飢的麵包已經啃完，繼續被困在這個不知名的村子也不是辦法。經過眼前的，除了驢子、推拉機之外，就只有要去隔壁村串門子的老男人。希臘鄉間怡然閒靜，連田間鳥兒振動翅膀的聲音都聽得一清二楚，但對於在路邊枯等許久的我們來說，卻靜得過分、靜得令人發慌。突然道路盡頭閃動一道刺眼的光芒，我們靜靜地盼著地平線上的光點慢慢膨脹、現形，卻又再次失望。原來是一輛開往邊境小鎮柯尼察（Konitsa）的巴士。我們盤算了一下，決定攔下巴士，買票上車。

柯尼察比我們想像的還迷人。我們在巴士上沿著迂迴的山路緩緩接近它時，它還在霧裡不願示人。小鎮裡曲折的石板路濕亮濕亮的，像上過釉；濃霧中，某個角落裡有狗在吠叫，聽起來離我們既遠又近。

早在鄂圖曼帝國擴張至此之前，柯尼察就已經緊緊鑲嵌在品多斯山脈的這道皺褶之中。但在當時，這裡還不是什麼偏遠的邊城，而是整個伊庇魯斯（Epirus）的核心腹地。曾經由柯尼察連結起的眾多村莊，今日卻散布在國界的兩側，一半成了阿爾巴尼亞。

我們在山路旁找到一個被髮夾彎環抱的小旅店，旅店前的庭園被整理得服服貼貼，客房樸實潔淨，是大部分長期旅行的人都會愛上的類型。我們在旅店附設的餐廳裡找到老闆娘凱薩琳，她從廚房裡出來接待我們，雙手還忙著在圍裙上擦呀擦的。

「我們這裡很少外國遊客。幾乎都是希臘人——對，所以這幾年生意很慘，根本就沒什麼客人。」把熱茶端給我們後，凱薩琳也坐了下來。一如我們在路上遇到的其他希臘人，她似乎也很習慣這種慘澹，語氣平淡得幾乎像是刻意要和這些慘澹保持距離。

你很難用一張圖片描繪希臘的現狀有多糟。因為那不是視覺上壓倒性的滿目瘡痍，但仍有許多幽微的傷感，會不期然從細節滲出。比如在街角蹲著往自己靜脈注射樂趣的人們，偷偷摸摸走向你掏出懷裡金飾然後問你要不要買的婦人，又或是那些鐵捲門緊閉、無人租賃的成排店面，以及被遺棄在鄉間的公共工程。

凱薩琳的英語說得比一般希臘人好很多，我好奇問起，才知道她原本是希臘裔的塞浦路斯（Cyprus）人。塞浦路斯位於地中海東緣，剛好位在土耳其、小亞細亞和北非之間的海面上，就像三原色圖正中央顏色最深的那塊交集。

十六世紀，塞浦路斯被併入鄂圖曼帝國的土耳其人手中，卻又在一八七八年成為國際談判桌上的籌碼，被拱手讓給了英國，從此開始了土耳其裔塞浦路斯人長達一世紀的遷徙與流散。一九七四年，希臘軍閥在塞浦路斯策動政變，扶植親希臘的新總統上臺；眼見政變發生，土耳其於是趁機出兵入侵塞浦路斯。原本住在塞浦路斯北部的凱薩琳，就是在當時逃難去了英國，後來又輾轉到了希臘，認識了現在的老公。從一九七七年嫁來這個村子之後，她都一直住在這裡。

說起往事，凱薩琳坦言儘管不像過去這麼討厭土耳其了，但聽到與土耳其有關的一切時，她仍會不舒服。我們儘管知道國族主義如何可能有害，也知道應該避免扁平的標籤想像，但在像凱薩琳這樣有切身經驗的人面前，所有政治正確都顯得蒼白無力。有時候，我們會因為站上了政治正確的高地，便自以為能對別人的情感頤指氣使，卻看不見個人境遇的複雜內裡。

她的大兒子學烹飪、二兒子學酒店管理。當初之所以開了這間旅店，其實就是為了讓兩個兒子以後能繼承家業。豈料兩人後來都不願意屈身在這個過於平淡的小鎮裡，她和老公就持續經營到了現在。就算她一直以來的願望是可以回到故鄉看看、就算今天北塞浦路斯也不再拒希臘人於門外了，她卻一次也沒回去過。塞浦路斯南北分治之後，原本由希臘裔居住的房舍人去樓空，後來大半已由土耳其人接手進住。對她來說，那早就不是家鄉了。

說著說著，凱薩琳的老公回來了。他的頭髮灰白，皺紋和眼神一樣深邃，有著一個很希臘的名字：雅尼斯（Yanis）。他開心地看著我們，說他喜歡像我們一樣到處遊蕩的年輕人。他年輕時曾在郵輪上工作，去過新加坡、蘇門答臘、澳洲和紐西蘭。剛從鎮上的公所回來的他正忙著張羅文件，準備申請退休。擔心希臘財政只會繼續惡化，他打算過幾天去一趟約阿尼納討回他所剩不多的退休金。

我們一起坐在庭院前的椅子上，他滿意地看著自己悉心整理的庭院。雅尼斯說，這裡出產的白香瓜與桃子很有名，其中百分之九十都會被俄羅斯買走。因為希臘正教和俄羅斯東正教在基督教光譜上靠得近，希臘和俄羅斯本就應該是友邦。但自從歐盟對俄羅斯實施制裁後，許多希臘的產品也禁止輸俄，一大簍一大簍的桃子於是沒了買主。

─懸崖上的文明─

濃霧散去以後，我們去了鄂圖曼時期留下的石拱橋，再沿著奧歐斯河往上游走；這些石拱橋在整個鄂圖曼帝國境內都很常見，但柯尼察的特別有名。相傳一九一三年土耳其人離開柯尼察時，曾經試圖把這座橋炸毀卻沒有成功，留下了堅挺優雅的圓弧線，讓希臘人至今仍然自豪。

走去拱橋的路上，我們經過一處視野開闊的空地，一座已經傾圮的拱頂清真寺在崖邊孤立著。冷風吹拂下，空地上的鞦韆搖搖晃晃，我們忍不住坐上去盪呀盪。一戰結束、鄂圖曼帝國轉世成為現代土耳其之後急著劃清界線，把土耳其境內的希臘人全部趕走，再把希臘境內的土耳其穆斯林接回來，進行人口交換。一九二三年，柯尼察的土耳其人幾乎全都走光；不是土耳其人的穆斯林，也被送往北邊剛剛獨立的阿爾巴尼亞。人口可以交換，但清真寺走不了，人與土地的連結、家族的記憶也走不了。柯尼察人今日來此，當然不是為了跪地膜拜，而是為了坐上鞦韆、把自己高高地拋向空中。

過了拱橋沿著河邊的土路往上走，遠遠就能看見聳在岩壁上的修道院。過去的東正教僧侶眼見鄂圖曼帝國進逼，紛紛在難以抵達的岩柱和岩壁上興建修道院，預防遭到穆斯林迫害。從前用來婉拒異教徒的孤絕遺世，如今用來迎逢觀光客竟然恰到好處。我們走在河道和枯枝之間，配上早春有點陰鬱的天空，一派適合朝聖的肅穆與蕭瑟。

大約一個多小時之後，原本還掛在山壁上的土色小點慢慢變成一幢巨大的石砌建築。修道院的拱門緊閉，我們向前一試，沒想到輕易就能推開，與世隔絕的修道院倒也不算不近人情。院內空蕩蕩的不像有人，只有一座十字平面的古舊教堂，以及一座有著拱廊的木造建築包圍敞闊的空地。我們穿過空地、拾級而上，到了盡頭處的平臺往前方看，不由得傻了。

窄窄的平臺，其實是一處懸崖的頂端，底下是水流湍急的河谷，仍在夜以繼日地把河谷刨得更深。我們可以聽得見氣流的聲音呼呼地在河谷裡迴盪，如果要想像自己是隻老鷹，大概沒有別的地方比這裡更合適。

走在回程的路上我想，如果我是一個正在設計朝聖路線的規劃師，或許也想不到比懸崖更適合作為朝聖終點的地方。

大學時，我曾在西班牙北部一個小城市寄居過一個學期。那座城市雖小，卻有天主教世界最重要的一條朝聖道路「聖地亞哥之路」（Camino de Santiago）貫串而過。每天，我都會看到裝備齊全、邁著大步的人們穿過校園。學期結束之後我止不住好奇，也跟著那些朝聖者走了幾段。

許多徒步的朝聖者都以聖地亞哥－德孔波斯特拉（Santiago de Compostela）的主教堂作為目的地，在華麗的巴洛克式立面和教堂裡的薰香之中，一邊搓揉自己的小腿肚、一邊回想路途艱辛；還有些人會繼續前進，直到抵達大西洋岸的懸崖為止。通往大西洋的路，其實早在天主教盛行之前就有，從前人們認為那裡是太陽每日死去的地方，因而也是死後的世界開啟的臨界。站在浪花拍打的懸崖上，朝聖者得以把來時路拋在腦後，並在黑稠稠的寬闊大海前直面死亡，而後獲得重生。

類似的還有耶路撒冷的猶太大屠殺紀念館。和所有其他主題類似的博物館一樣，耶路撒冷的猶太大屠殺紀念館也很難避免晦澀沉重的基調，但設計猶太大屠殺紀念館的建築師卻很高明。展覽動線沿著緩坡曲折上行，不斷將參觀者來回引導至光線灑落的中軸線廊廳，有節奏地緩衝、打斷悲憤情緒的積蓄，像在邀請後世冷靜深省，又像冷靜的律師極富技巧地在引導受害者推敲過去。展覽中那些對於浩劫的各種質問，都指向人性中最可怖、最不可試煉的軟肋，讓人不忍直視。就在我們幾乎要對人性絕望、帶著滿腹疑懼離開紀念館時，參觀動線卻終止於出口外的懸崖邊。從懸岩望出去，猶大山脈壯闊的山谷在參觀者的眼前開展出去，既溫柔又療癒。

「文明」這個詞經常被我們使用在兩個非常不同的尺度上。用在個體上，我們指的是「教養」、「自我節制」，是大環境賦予個人的光澤；用在集體，我們講的則是由許多個人共同撐起的文化結構與智識成就，像拱橋一樣由每個石塊集體承重。前者由近而遠，後者由遠而近，像兩種鏡頭縮放的過程，雖然方向相反，但看見的仍是同個東西。

要避免浩劫重現，歷史不能被忘記；歷史教訓除了敦促我們將道德判準內化於個人之中，也還要強化制度，讓個體可以依循行事。但人類理性未必牢靠，制度也總難避免網破，我們因此需要時時刻刻提醒自己維持謙遜，而這世界上，或許也沒有太多事物比從懸崖上望出的雄偉地景，更能讓人類學會敬畏。文明，並非自然的對立面。

話說回來，懸崖本就是渾然天成的終點，如果不願縱身跳下，當然只有回頭一途。但願在歷史長河中不斷逼近懸崖的人類們，終究不會縱身跳入幽谷。

Chapter 11

阿爾巴尼亞 Albania

SH75公路與臺灣廣場

從希臘小鎮柯尼察（Konitsa）通往邊境的巴士上，只有我們兩人坐到終點。

我們在邊檢站前下車，看著希臘車牌的巴士掉頭離去，這裡沒人等車，巴士得空車回去。還好我們放棄了從柯尼察搭便車過來的念頭——這裡絕對是我們所看過的邊檢站裡面，最冷清的一個。雖然冷清，倒也沒忘記慎重。大得有失比例的建築物，外牆砌滿石塊，對比河對岸阿爾巴尼亞的幾幢混凝土盒子，實在已經太過氣派。

邊檢站旁邊的河，憨厚地在早春裡露出禿禿的淺灘，對於自己被賦予的重要使命毫無所知。它可是界河呢。你要說是歐盟也好、是申根區也好，這條河框界出的是當今的盛世，而且這個盛世還在不斷擴張。路旁「GR」（希臘的國名縮寫）兩個大大的字母配上藍底的黃星項圈，用親切標語送客，也提醒所有跨境者即將離開盛世。橋的盡頭，就是某些希臘人口中說的，「很多壞人的地方」。

阿爾巴尼亞是整個歐陸上最常被妖魔化的地方之一。閉關鎖國了數十年之後，阿爾巴尼亞不太有存在感；如果你在西歐人的日常閒談中聽到它，多半會跟「犯罪」、「幫派」、「流氓」這些字眼成雙出現。

今日，阿爾巴尼亞有半數人口散落海外，大多都在希臘和義大利謀生，和希臘接壤的阿爾巴尼亞南部，人口外流更是嚴重。阿爾巴尼亞人有句話說，一半的阿爾巴尼亞人都在希臘了；有些更誇張、還有點吃希臘豆腐的版本則乾脆說，希臘有一半人口都是阿爾巴尼亞人。

阿爾巴尼亞人和希臘人會有心結不是沒有原因。一九一三年第二次巴爾幹戰爭結束，鄂圖曼帝國喪失了在巴爾幹半島的大片江山，阿爾巴尼亞也順勢建國。戰爭結束後，和土耳其交戰的希臘軍隊，卻刻意滯留在阿爾巴尼亞南部的伊庇魯斯地區（Epirus），遲遲不肯離去，而當地的希臘政客，也在鼓動希臘裔居民反抗阿爾巴尼亞剛剛成立的政府。剛立國無暇顧全的阿爾巴尼亞政府，只好在隔年承認「北伊庇魯斯自治共和國」的成立。

然而第一次世界大戰旋即開打，阿爾巴尼亞南部分別被義大利和法國占領，希臘人的「北伊庇魯斯自治共和國」於是夭折。戰爭結束之後，阿爾巴尼亞的獨立繼續獲得承認，北伊庇魯斯地區也正式劃歸阿爾巴尼亞，但直到今日，阿爾巴尼亞南部仍然有許多希臘裔居民散居，而許多歐盟資金透過希臘政府挹注到了阿爾巴尼亞，首先得益的也往往是這些鄰接希臘的地區。

毫無意外地，我們遇到的邊檢人員從來沒看過臺灣護照。但他們並沒有眉頭深鎖、面露不耐，而是一邊摘下眼鏡仔細端詳護照，一邊和我們東扯西聊。國界的力量無所不在，有時展現於路面瀝青鋪層的厚度、有時則改變人們臉上嘴角上揚的角度；比起希臘人，我們覺得阿爾巴尼亞人更友善更熱情，而且似乎對外來的一切都充滿好奇。崗哨裡穿軍裝的男人看我們等了這麼久，也靠了過來，教我們用阿爾巴尼亞語進行日常問候，每串字都是四五個音節、奇怪的發音。

就算阿爾巴尼亞仍未加入歐盟，你仍然可以看到許多前期整合的痕跡。我們的護照頁被蓋上和申根區一樣規格樣式的入境戳章（只是少了星星環繞），路邊則有歐洲安全與合作組織（Organization of Security and Co-operation in Europe, OSCE）的告示牌，上面的地圖裡幾條路線被染紅加粗，是歐盟資金青睞欽點的援建項目。

歐盟資金修建的公路雖然閃亮平順，對我們的便車旅程卻不見得有太大幫助；我們站在路邊發了十五分鐘的呆，卻一輛來車都沒看到。還好有風吹動樹梢，不然簡直像站在一張明信片裡，一切都是靜止的。將背包帳篷上了肩，我們決定用走的，反正到下個小村子也就是十公里路，腳程再慢，兩個小時都能到。

好在這段路走起來並不無聊。生在海島上的我，從第一次自助旅行之後，就迷戀上陸路跨境這件事。對於臺灣人來說，大多數情況下，出國意味著先把自己塞進一個細細長長的金屬容器裡、扣上安全帶，以接近聲音前進的速度和造物主的視角，抽離、俯瞰底下的島嶼和海洋。於是飛行成了一種過渡儀式，拉長了跨境時間，你只能想辦法捱過（或興奮地享受）飛行；你可以想像自己愈來愈靠近某個異國，那讓「跨國」成為一個「過程」，濃度隨飛行時間遞增。但陸路跨境就是另外一回事了：招牌也好、界碑也好，純然靠自己想像也好，就是有條線在那裡等待你跨過；跨沒跨過，都是一瞬間的事，沒有任何航程、時間，橫亙在你和跨境這件事情之間，稀釋跨境這件事對你的衝擊。走在離開邊檢站的路上，我仍然在享受跨境帶來的後勁。

徒步走了一個小時之後，終於有輛銀色的豐田 Yaris 從後方出現。它先是高速駛過我們，然後又在我們前方一百公尺處煞停了下來。一只粉紅色書包和一隻毛茸茸的小熊玩偶，在車後的擋風玻璃後面曬著太陽，駕駛座上的男人從車窗探出頭來，向我們揮了揮手。有時候，幸運之神並非遺忘我們，只是來不及煞車而已。

遊走在邊界的希臘裔阿爾巴尼亞人

米哈里斯（Michalis）是希臘裔的阿爾巴尼亞人，兩個女兒都在希臘的柯尼察上小學。他剛從邊界載回兩個女兒，要回去恰爾碩瓦（Çarshovë），那個我們再走一個小時應該就能抵達的村子。

不。與其說恰爾碩瓦是個村子，還不如說它是個三岔路口。從希臘邊境過去的小路，在這裡接上SH75公路，往北直通首都，蜿蜒往東則伸向另一個鄰國馬其頓；雖然車流的交會並沒有帶來多少商機（其實，路過的車根本就少到無法成流啊），但還是足夠支撐起米哈里斯開的小咖啡館。

「別搭便車了，你們等不到的。去佩爾梅特（Përmet）的小巴，大概半個小時之後就會來。」兩個女兒蹦蹦跳跳下車，書包和玩偶都在爸爸手上。「不如先進來休息，喝杯咖啡吧。」

米哈里斯的咖啡館沒什麼裝潢，牆上塗的白漆已經盡了最大努力，塑膠桌椅倒是擺放整齊。空蕩蕩的咖啡館裡，過大的吧臺有點不合時宜，室內的空氣彷彿凝滯。二樓的陽臺雅座彌補了裝修設計的力有未逮，整片雪山大方掛在天邊，一旁的小溪湍湍轟鳴。我們和米哈里斯用歐元換了點阿爾巴尼亞列克，點了兩杯義式咖啡端上陽臺——我們搭他的便車，他則順勢招攬了生意，皆大歡喜。

米哈里斯的咖啡是真的好喝，完全超出我們對偏鄉路口休息站的期待。被義大利統治過，境內又有不少希臘人，阿爾巴尼亞仍有許多歷史問題未解，咖啡水準倒是相應不俗，或許也要感謝鄰國壓境時一併帶來的遺澤。

等小巴的時候，我在咖啡館附近閒晃。不論就地景、就傳統建築樣式來說，這裡都與希臘北部極為相似。村子入口的左手邊，還有一座東正教堂，石牆紅瓦上高高掛著白色十字架，是希臘任何一個尋常鄉村都常見的風景。

自從鄂圖曼帝國喪失這裡的領土之後，阿爾巴尼亞和希臘便一直對這裡的領土歸屬存有爭議。鄂圖曼時期，整個伊庇魯斯地區都被劃歸在同一個行政區內。二戰結束後，希臘和阿爾巴尼亞的交戰關係居然要到一九八七年才正式解除，甚至兩國的國界也是直到這時才首次確認。在此之前，希臘都沒有放棄對阿爾巴尼亞南部的領土主張。

小巴果然沒有讓我們久等。車子沿著河谷向北，時而攀附山稜線，時而緊挨河床、幾乎要軋出水花。沿路經過的民宅，大部分都是未完待續的狀態，懸在屋外的樓梯，通往仍未蓋出的二樓；外露的鋼筋還沒開始承重，就已在風雨中鏽去。

就在我們開始兩眼昏花、胃酸翻騰時，小巴終於彎進了我們的目的地佩爾梅特。

NGO工作者希爾瓦

會來佩爾梅特，是因為希爾瓦（Silva）大方將自己的客廳沙發借給我們留宿；她來自阿爾巴尼亞南部另一個小鎮，在首都拿到社會學學位之後，就獲義大利NGO聘雇，深入阿爾巴尼亞的偏鄉，培育在地的小型作坊，希望提升農村的產品多元性和經濟收入。

佩爾梅特讓我想起多年前橫越西伯利亞，第一次看到前蘇聯國家的感受。千篇一律的水泥方塊公寓前，永遠有居民手插口袋地來來往往，彷彿他們全是被雇來跑龍套的臨演路人，整幅畫面宛如由國家精心設計的無所事事。

為了等希爾瓦下班，我們決定先到鎮中心的一家咖啡店休息。才剛坐下，老闆就拎著菜單，興奮地跑來問我們是從哪裡來的。我們原本以為老闆只是好奇，沒想到他聽了我們的答覆之後，連我們想喝什麼都還沒問，就轉身跑進店裡對著櫃檯上的電腦狂敲鍵盤。過沒多久，謝金燕的「跳針跳針～叫我姐姐～」居然從音響裡傳了出來，音量大到連經過的路人都不禁側目。

咖啡店老闆之前在希臘和土耳其打工，兩年前存到第一桶金後就回故鄉做起咖啡生意。雖然一杯咖啡只賣臺幣二十幾塊、利潤微薄，但可以天天跟鎮上的老熟識聊天打屁，日子過得也算安穩踏實。不過小鎮生活難免平淡無味，開店以來，還沒有看過幾個外國觀光客光臨，因此我們的出現讓他非常興奮。

我們要了兩杯卡布奇諾，依舊是超出偏鄉小鎮咖啡店應有的水準，而且老闆還額外送了兩小盤糕點給我們。我們要結帳離店前，老闆再次播放臺灣的電音舞曲送客，熱情地要我們記得再次光顧。

晚上我們和剛下班的希爾瓦碰面，終於抵達當晚的落腳處。她的住處是租來的，其實就是個小套房，起居煮食都在一室，空蕩蕩的冰箱裡也總是只有剛好足夠兩頓飯的食材，處處流露初出社會的拮据和單身獨居的稀微。她的房間裡沒有多餘裝飾，也沒有太多擺設，希爾瓦彷彿跟我們兩個背包客沒什麼不一樣，隨時都能打包走人。

我們一起吃飯時，她有點疲憊地談到NGO工作的苦處與困境。她致力於為農村勞動力賦權，自己卻仍是契約勞工，也是彈性雇用、勞動力免洗化的受害者，每年能不能獲得續聘都是未知。農村經濟培育工作不能只靠外人推動，村民如何主動參與更是關鍵，但境外NGO撤資、她這個知識分子離開之後，這些村民如何能夠永續經營，問號同樣高懸。

「我出生的那個小鎮也是。坦白說，我不覺得我的努力，能阻止找不到工作、想追求更多收入的人離開這裡。」她的悲觀，像熄燈之後佩爾梅特的午夜一樣厚重。

隔天早上，希爾瓦去上班，我們則從小鎮背後往山上走，穿過曲折的泥土路和扎人的草叢後，就能抵達幾個頂著雪線的村莊。因為偏遠，這裡看上去似乎並沒有被共產制度影響多少，全球化的資本侵吞也尚未抵達，至少傳統的石頭屋還在，羊群也仍然在圍籬分明的草場裡大口嚼草。

曾經，阿爾巴尼亞是世界上最不喜歡和外界打交道的國家之一。

在阿爾巴尼亞掌權四十餘年的恩維爾．霍查（Enver Hoxha），起初與南斯拉夫的狄托（Josip Broz Tito）走得頗近，但南斯拉夫和蘇聯交惡後，阿爾巴尼亞便轉向與蘇聯結盟。史達林過世之後，霍查公開對赫魯雪夫的修正主義表示不滿，主張自己才是史達林真正的傳人；此時同樣和蘇聯交惡的中國，理所當然地成為了阿爾巴尼亞的知音。在整個一九六〇年代裡，中國曾派出了不少技術人員前往阿爾巴尼亞，在經濟上也提供不少援助。

然而阿爾巴尼亞的不斷「變心」，並沒有在遇到中國之後就有所轉變。一九七〇年代中美關係改善、毛澤東過世後，霍查覺得再也沒有人和自己站在同一陣線，決定徹底鎖國，堅持讓阿爾巴尼亞做唯一一個「真正的社會主義國家」。

到了一九八〇年代，眼見蘇聯和社會主義陣營的大限將屆，阿爾巴尼亞人才終於湧上街頭，要求政府核發護照、還給人民自由出入國的權利，並開啟了阿爾巴尼亞勞動力大量外流的局面。送我們進來阿爾巴尼亞的這條公路，在過去二十多年來，也曾將無數阿爾巴尼亞人送出去過。

阿爾巴尼亞人的希臘公路

和希爾瓦道別後，我們徒步到村子通往公路的路口，等候下一趟便車。在路邊站了半小時，經過我們的車子依舊屈指可數，偶爾呼嘯而過的，只有不知道從哪裡來的舊賓士汽車。可惜的是，熱情好客的阿爾巴尼亞人，一旦坐上駕駛座，似乎就成了另一種人，我們站在路邊舉起拇指，通常只會被冷漠的食指拒絕。

我們靠便車移動、天天在公路上走動，經常把公路視為理所當然、猶如空氣一般的存在。它們支撐人類的日常生活，我們卻很少意識到它們的存在——除非它們失靈、不再正常運作。然而對於阿爾巴尼亞人來說卻不見得如此。

霍查掌權時，道路工程常是強迫勞動的工作項目，加上車輛配給被嚴格控管、數量稀少，幾乎可以說，整整四十多年的共產歲月裡，阿爾巴尼亞人是被迫地鋪出了自己用不到的道路（這種悲慘，或許只有在資本主義社會裡替別人賺著自己用不到的錢可堪比擬）。這些道路沒有定期的養護預算，社會主義政權土崩瓦解之後，道路的狀況更加惡化，只能仰靠外援。

通往希臘邊界的路，不是只有我們等不到便車的這條。一個山頭背後，連結南部大城吉羅卡斯特（Gjirokastër）與希臘邊境的四號公路，同樣是在歐盟與希臘的資金與技術援助下完成整建。雖然道路工程與建材依循的都是國際標準，本地人卻還是經常將新的公路看作「希臘來的東西」，甚至直接把路稱作「希臘公路」。

因此，這些在後共產時代被拉直整平的柏油路，不只是一條公路那樣簡單而已，而是讓阿爾巴尼亞人切身感受到「全球化」的事物，同時也具象展示了歐盟資金流入、人員流出的過程，因此也偶爾要牽動阿爾巴尼亞人的國族神經。阿爾巴尼亞南部區域的公路上，標注目的地公里數的路牌上往往也附帶希臘字母，但那些希臘字母有些卻會被噴漆蓋過，據傳也多數是阿爾巴尼亞民族主義者所為。

等不到便車，總得想替代方案。一輛從村子裡開出的小巴在我們面前停車，駕駛說他正要前往北邊距離十多公里的另一個小村子克爾曲拉（Këlcyrë）。我們看了看地圖，克爾曲拉夾在兩條公路的交匯處，心想那裡也許車流量會多一些，於是就決定上車先往前推進一段路。

到了克爾曲拉之後，我們才發現自己過度樂觀。經過這裡的車子一樣少得可憐，而且，駕駛依舊把我們當作空氣一般。

就在我們開始半放棄地盯著公路盡頭時，一對年輕男女突然出現在街邊的人行道上。他們的穿著休閒、步伐輕盈，全身上下都散發著和阿爾巴尼亞人不同的氣質，在這個偏僻的小村子裡格外顯眼。經過我們時，他們停了下來。

——把所有你不快樂的、不好的，都給我吧——

「你們在等巴士嗎？」先主動開口搭訕我們的是男生。自信而隨興的美國口音。

「嗯……其實我們想攔便車。」

「哇，可能不會太容易唷。不過我有認識的人，之前也是想搭便車北上，好像後來有成功。」我們聽了只能苦笑。

沒想到他接著繼續說：「嘿，反正都快中午了，要不要跟我們去吃個飯再繼續等車？這裡有家餐廳超棒，我們正要過去。」

我們有點不好意思，想了一下決定再堅持等一陣子。但在愈來愈高的日頭下多站十五分鐘後，我們一點也不堅定的意志就逐漸融化了。還好要找到他們也不是太難，在這個被公路拉得長長的村子裡，唯一一間比較像樣的餐廳就在村子末梢的公路邊上。

看著我們在他面前拉開椅子坐下，美國男生有點調皮地說：「我就知道你們會來。」

他們幫我們點了兩道餐廳的招牌菜，然後向我們介紹自己。長著一副娃娃臉的男生名字是威利（Willy），而留著俐落短髮的女生則叫莫妮卡（Monika），兩人都是美國和平工作團（Peace Corps）的志工，結婚之後被一起分發到阿爾巴尼亞這個偏僻的村子服務兩年。他們平日在小學裡教書，每天都在想辦法解決硬體匱乏的問題，以及提升學童的學習動機。

兩年？我看了看村子背後的山壁和街上慢慢晃過的老婦人，難以想像在這個村子待兩年的感覺。而且職涯中斷了兩年，回美國後還找得到工作嗎？威利說在美國，擔任和平工作團志工是履歷上一條不可多得的寶貴經歷，同時又可以接受政府補貼、在海外度過一段時間，很多人搶著申請。

談起他們在村子裡的生活，莫妮卡說日子其實非常規律，除了工作之外，大多數時間他們都在家裡閱讀、做菜。在學校裡，他們會特別關切住得較遠的孩子。外人或許看不出來，但校園裡依舊有階級之分；有些孩子來自貧困的山區，每天通學必須來回徒步兩個多小時，但阿爾巴尼亞老師卻不太願意對這些孩子額外投注心力。

飯後，莫妮卡邀請我們回家留宿一晚再走。或許因為阿爾巴尼亞的便車旅程讓我們感到非常挫敗，再加上我們也想去他們任職的學校走走，完全想不到理由拒絕她的邀請。

威利對於自己為了融入當地所下的功夫感到非常自豪，甚至還自學發音奇特、和其他語言幾乎找不到關聯的阿爾巴尼亞語，跟每個村民都能閒話家常。我們決定先回他們家放背包，但短短幾百公尺的路卻走了快半小時，一路上他們不斷停下腳步，和每個遇到的村民都熱情擁抱、聊上幾句。

威利特別把一位高齡九十多歲的黑衣寡婦介紹給我們。他說這一年多來，他們偶爾會對於陌生環境或未來感到焦慮不安，但每次只要遇到寡婦奶奶，都會神奇地感受到一股平靜卻堅定的力量。奶奶總會和他們輪流擁抱，像要熨平心裡摺痕那樣來回撫摸著他們的手背，然後嘴裡不斷唸著一句話。

後來威利終於搞懂，那句話的意思是：「把所有你不快樂的、不好的，都給我吧。」

阿爾巴尼亞的臺灣廣場

剛好那天下午威利和莫妮卡策劃了一個活動，邀集了村子裡的學生來看電影。他們選的電影是《關鍵報告》（*Minority Report*）——就是由湯姆．克魯斯扮演警察，依據「犯罪預知系統」在罪行發生之前就帥氣逮人，後來卻發現自己也被預告為殺人兇手的那部。這部電影帶點科幻色彩，情節又峰迴路轉，在場的學生看得目不轉睛。

好萊塢電影當然是好用的教材，不但兼具語言教育和娛樂之效，還可以在潛移默化之中傳輸美國價值觀。但讓我們真正覺得有趣的是，威利和莫妮卡在電影放映完畢之後並沒有立刻散場，而是將一個個事先準備好的問題丟給學生，再讓學生們發言討論。這些問題大多沒有標準答案，卻有不少頗具哲學高度，值得思考辯論。比如，在一個人還未真正犯罪之前，就先將「嫌疑犯」逮捕起來，到底有沒有問題？個人隱私和社會安全，到底哪個比較重要？

討論到最後，威利問大家贊不贊成在阿爾巴尼亞設立類似的「犯罪預知系統」，但不是簡單地要大家舉手投票而已，而是希望每個舉手的人都要說明理由。許多學生爭相表示希望阿爾巴尼亞也有「犯罪預知系統」，語氣興奮得彷彿這個東西真的已經在美國問世，但威利仍不斷鼓勵抱持不同意見的學生發言。

莫妮卡後來和我們說，學校裡的孩子都非常喜歡他們倆，也喜歡上他們的課。對於這些孩子而言，他們的教育方式和其他死氣沉沉的阿爾巴尼亞老師很不一樣，而且還很鼓勵他們表達意見。

威利也對大家介紹了從臺灣來的我們。我們和大家介紹臺灣是什麼樣的地方，然後拿出事先準備好的自來水毛筆，有求必應地用漢字為所有孩子寫出他們的名字，讓他們帶回家當紀念品。在國外用毛筆寫名字這招拉近和陌生人的距離雖然的確老套，卻總是很有效。我看著孩子們小心翼翼地捧著自己筆墨未乾的名字，心想這些孩子今後如果聽到臺灣，或許便會想起這些毛筆字，或許會想起我們這兩個闖入課堂的臺灣人，又或許他們根本開心不了多久，回到家便會把那紙毛筆字拋在腦後、壓在考卷書堆之中。不論如何，威利和莫妮卡似乎很滿意我們帶來的「餘興節目」。

離開學校後，我們回到威利和莫妮卡的家準備晚餐。入夜，鄉間的氣溫降得很快，威利在房間的壁爐裡升起了火。他一邊撥弄柴火一邊說：「這間屋子裡，我們最喜歡的就是這個壁爐。」雖然美國政府提供的志工補貼和他們原本的薪水比起來只是杯水車薪，但要讓他們租下這間寬闊舒適的房子還是綽綽有餘。

莫妮卡拿出預先烤好的美式瑪芬和司康，又開了一瓶紅酒和我們閒談。我們繼續談到和平部隊計畫帶給他們人生的改變。

「我知道聽起來很老套，但我們真的是來了阿爾巴尼亞之後才知道自己對於美國以外的世界了解之少，也才意識到自己平常是如何習慣以美國為中心作思考。」

和平工作團派駐的地方往往是經濟、社會發展程度較低的地區，目的是用鮮花取代槍桿，除了改善駐地人民的生活，也期待在發展援助之中延伸美國影響力。在英文裡，美國和平工作團的「工作團」這個字是「Corps」，也可以作「軍團」、「部隊」解，其實就穩定區域情勢、增進美國國家利益的效果來說，和平工作團的確也不比正規軍隊來得差。對於村民來說，友善的威利和莫妮卡猶如美國的化身，讓村民在課堂上或路邊閒談中認識了以往只會出現在電視新聞中的美國——那個在共產時代曾經代表邪惡勢力的美利堅帝國。

在威利與莫妮卡家體驗美式優渥生活時，我時常想起前一晚收留我們的席爾瓦：雖然他們的工作內容都與援助發展有關，工作條件與待遇卻天差地遠。但他們都和歐盟出資興建的公路一樣，都是各種「遠方勢力」在阿爾巴尼亞人日常生活中的化身。

當然啦，像我們這樣想搭便車（卻時常搭不到）的觀光客，也在公路邊、車廂裡把「臺灣」帶到了阿爾巴尼亞。我們總會用剛學會的阿爾巴尼亞語單詞搭配手機裡的地圖，和遇到的阿爾巴尼亞人描繪臺灣的輪廓。但後來到了阿爾巴尼亞的首都提拉納（Tirana）之後，我們才發現阿爾巴尼亞人對於「臺灣」的想像，恐怕不像我們在教室裡遇到的孩子一樣，只有毛筆字和兩個背包客而已。

＋臺灣中心＋

在旅遊指南裡，提拉納所占的篇幅不多，卻有個「臺灣中心」（Kompleksi Taiwan）很顯眼。臺灣廣場是一棟嶄新的現代商場，位在市中心一座公園裡，全市最頂級的餐廳和酒吧幾乎都擠在裡面。身為臺灣來的背包客，我們特地過去一探究竟，卻怎麼樣也看不出來除了名字之外，這個公園和商場和臺灣到底有什麼關係。

關於這個「臺灣中心」到底是怎麼來的，網路上流傳的說法大致有幾種。

有一些說法看起來就是唬爛的。比如，阿爾巴尼亞和中國曾經交情甚篤，有次毛澤東來訪，在公園裡的餐廳吃飯，心裡卻依舊掛繫著臺灣，於是就神來一筆地把這個地方叫做臺灣中心。但實際上毛澤東根本沒去過阿爾巴尼亞，公園裡的餐廳也是二十一世紀初之後才出現的。

維基百科則引用背包旅行聖經《寂寞星球》（*Lonely Planet*）的說法，指出臺灣中心之所以用臺灣命名是因為「形狀和臺灣島很像」。但這個說法語焉不詳，沒說清楚楚到底是臺灣中心的什麼東西形狀像臺灣。我們特地去看了噴水池，還在谷歌的地圖上找出建築物或公園的空照圖，卻完全看不出哪裡有臺灣的影子。再說，阿爾巴尼亞人沒事幹麼把一個地方弄成臺灣的樣子？怎麼想都覺得不太合理。還有些旅遊指南則說，臺灣中心前面的噴水池是臺灣人出錢蓋的，但也全無資料佐證。

臺灣的《蘋果日報》在二〇一三年也報導了這個「奇觀」，除了同樣引用「噴水池資金論」這個原因之外，還提到了另一個傳聞。據說，當年阿爾巴尼亞民間對執政的共產黨有諸多不滿，為了和政府作對，市民於是私下把這個公園稱作「臺灣」，約在這裡見面的時候會說「我們臺灣見」。隔沒多久，網路媒體《女人迷》也刊出一篇文章描述這個臺灣中心，說法和蘋果日報的「民間反抗論」類似，但額外提到一九七一年中華民國退出聯合國的背景。這些說法雖然細節不同，卻都隱含了一個訊息：在阿爾巴尼亞人心中，臺灣被視作「非共產陣營」或民主的符號。

不過這個在中文世界裡頗流行的「民間反抗論」，卻和網路上英文資料的主流說法恰恰相反。有些西方人的遊記和報導指出，臺灣廣場落成時正值中阿關係惡化，為了刻意激怒中國，阿爾巴尼亞政府才會將這裡取名叫臺灣。按照這個說法，反抗「中國」的其實不是民間，而是阿爾巴尼亞政府自己。但這個說法也很可疑。實際上這個公園在共產政權垮臺之後曾經成為一個違章聚落，要到二〇〇〇年政府才決定清拆，臺灣中心也才得以興建。相較之下，中阿決裂是早在一九七〇年代後半發生的事，和商場落成的時間點相距頗大。

英文版維基百科關於這個公園的條目，還有另一種說法，雖然沒有引用出處，倒是滿可愛的。據說臺灣中心對面曾經是只有共黨高層才能入住、戒備森嚴的區域。和那個只有統治階級才能出入的街區相比，市民可以自由出入的這個公園，則顯得自由開放許多，一如在共產世界門口、在竹幕(Bamboo Curtain)中國對岸的「自由堡壘」臺灣一樣，所以公園才獲得了「臺灣」的暱稱。

然而如果稍微推敲，這些版本各異的說法，聽起來其實都很像是在今日國際框架中建構出來的敘事。雖然臺灣曾經被冠上「自由中國」這個「美稱」，但一九七〇年代的臺灣，真的有以「自由民主」的形象，深植在阿爾巴尼亞人的心中嗎？再說，我們在路上遇到的阿爾巴尼亞人，其實多數對臺灣都沒什麼印象，也不太清楚中國和臺灣之間的關係，因此這些網路上的傳聞和說法實在都很難讓人信服。

不管命名背後的原因是什麼，臺灣中心的存在，稍稍撫平了我們對於臺灣在國際社會中定位不明、面目模糊的焦慮。除了好奇心之外，正是這種焦慮促使我們前去臺灣中心一探究竟。

離開威利和莫妮卡後，前往提拉納的路上我都在想，相較於美國有慈眉善目的和平部隊現身、希臘以平整的柏油路挑動國族神經，臺灣在阿爾巴尼亞（以及其他國家）卻總是面目模糊。我在旅途中偶爾會努力嘗試對別人描清臺灣輪廓，像焦慮的孩子拿著鉛筆不斷在紙上來回畫呀畫，直到紙張都磨破了那樣。

於是我又記起還在南美洲便車旅行時，在巴拉圭曾經興奮地拍下一棟醜醜的商辦大樓，只因為建物外牆上面高高掛著幾個「臺北大廈」的字樣。現在想起來，那時候讓我按下快門的，也不是什麼離鄉遊子睹物思情的親切感。和我努力查詢「臺灣廣場」來由的行為一樣，那背後滲出的，或許是某種不被認識的集體焦慮。

Chapter 12

馬其頓 Macedonia

括號裡的政治

剛離開阿爾巴尼亞的首都提拉納，滂沱的雨，很快就隨著爬升的山路下成雪片。雪片白花花的，還來不及看清，就又融進公路上的稀泥之中。遠方的山，在雲霧之間若隱若現，偶爾露出懾人的鉛灰色。

總算，風雪在我們抵達邊界之前停息。出人意料地，馬其頓的邊檢人員對我們的綠皮護照沒有太多猶疑，不消幾十秒光景，入境章就俐落地軋印進我們的護照內頁，既妥貼又端正，沒有枉費臺灣與馬其頓曾經短命的外交情誼。

多數臺灣人對「馬其頓」這個國名，

可能都還有些印象。李登輝擔任總統的最後幾年，由人居中牽線認識了馬其頓當時的總理，以建交為代價，談妥了一筆對馬其頓的援助款項。後來錢是捐了，但臺灣派出的大使卻始終無法成功遞交到任國書，使得臺灣與馬其頓的外交關係有名無實，被外界譏為「金援外交」。

不過如果不是因為「金援外交」讓馬其頓在電視新聞中頻繁出現，我第一次認識「馬其頓」這個名字，其實本來應該是在中學的歷史課本裡。將希臘文明揉捏成帝國，再向外延展的亞歷山大，老家就在希臘北部的馬其頓；亞歷山大帝國的雛形，就是「馬其頓王國」。

如果我們作個不太精確、卻能幫助了解的類比，馬其頓王國有點像成吉思汗在蒙古草原發跡的大蒙古國，或者滿清太祖努爾哈赤在今日中國東北奠基的後金。這些來自「邊陲」的「蠻夷」，向南入侵擁有「較高文明」的「核心地區」，一邊學習「核心地區」的語言、文化、典章與制度，一邊向外高速擴張統治版圖。在從前，「文化資本優勢」與「軍事霸權」不見得總是同一件事，於是蒙古人、女真人雖然打了勝仗，成了統治階級，卻也無可避免地跳入「醬缸」，逐漸成為了現代的「中國人」。

類似地，多虧了亞歷山大那威震八方的帝國，「馬其頓」這個來自北方邊陲的名字，成了某個意味著民族榮耀的符號，成為希臘化文明的組成部分，後來又被打包進「希臘」這個現代的國族神話之中。今日希臘北部的區域，仍然被喚作「馬其頓」，而亞歷山大創建的帝國，也被廣泛地視為「希臘史」的一部分。

因此，當居住在現代希臘以北、同樣屬於「馬其頓地理區」的地區，在一九九一年從「南斯拉夫聯邦」中脫離出來，希望引用「馬其頓」作為國家的名字時，自認為亞歷山大嫡脈的希臘人，當然要憤起抗議。

括號裡的國家

其實早在南斯拉夫聯邦時代，馬其頓就已經作為一個「國家」的名字存在了，只不過當年的「馬其頓社會主義共和國」，實際上是南斯拉夫聯邦的一部分，「馬其頓」終究更像是一個類似地區層級的「次國家」稱號，所以希臘人聽著雖然覺得不太爽快，卻也沒有太多異議。

讓希臘人覺得不太爽快的，主要是「馬其頓人」的身世。對有些希臘人來說，這些「盜用」馬其頓名號的「馬其頓人」分明就是斯拉夫人的後代，他們使用西里爾字母，生活習慣也更接近北方的斯拉夫文化圈。冷戰時期鐵幕兩側的陣營壁壘分明，也加重了希臘人所感受到的文化差異。

除了嫡傳名分的爭議之外，希臘人還有另一個更實際的擔憂。希臘北部的領土同樣位於「馬其頓地區」這個地理概念之中，因此也有省分以「馬其頓」為名；一旦「馬其頓」成為了鄰國的正式國名，這些希臘境內的同名領土，難保不會有天也被鄰國強討過去。

於是剛剛獨立的馬其頓，想抬頭挺胸講出自己的名字，卻面臨以希臘為首的國際社會的杯葛。為了加入聯合國，馬其頓只能暫時屈就，使用「前南斯拉夫馬其頓共和國」（Former Yugoslav Republic of Macedonia，經常縮寫為「FYROM」）這個迂迴冗長的國名，連在聯合國大會中列席的順序，該以「FYROM」之中的哪個字母為依據，都是經過來回斡旋才得以敲定。國名作為民族國家的招牌，每一個字母都要錙銖必較。

其中，「FYROM」裡的第一個字「former」，也就是「前南斯拉夫馬其頓共和國」裡的「前」這個字大有玄機。「前南斯拉夫」的名號，隱含了希臘人反對「馬其頓」成為一個新國家的名字的立場與態度，暫時沿用舊的國號，意味著新的國名懸而未決。另一方面，對於從南斯拉夫獨立出來的馬其頓來說，雖然「南斯拉夫」的名號仍然刺眼，但至少加上了「前」，也算是宣示了自己與南斯拉夫式的過去徹底決裂，因而還算是個可以接受的方案。雙方於是各讓一步，協商出了這個迂迴冗長的國名，而這個妥協方案就這樣維持了近三十年，直到二〇一九年，馬其頓在國際社會中的國名才正式底定為「北馬其頓共和國」。

在不少外人眼裡，杯葛馬其頓的舉動讓希臘顯得心胸狹隘，有失希臘文明作為西方文明基底應有的榮光和氣度；而馬其頓的執政黨，則樂於鼓動國族情緒，用國名議題轉移民眾對於政府施政不力的焦點，甚至將國內的大型公共建設都以亞歷山大的名諱命名。

話說回來，馬其頓與中華民國同樣牽扯國名爭議、努力尋求國際承認，會一度建立起「短暫的友誼」，似乎也是個頗合理的巧合。我有時候猜想，臺灣或許就是從「Republic of Macedonia (FYROM)」獲得了靈感，後來才在「Republic of China」的後面也加上括號，填入「Taiwan」。

在國際關係中，括號是種政治正確的記號；論其形象，是兩個臂彎的虛偽相擁，是冷漠而空洞的懷抱，在寒暄與稱呼之中，婉轉掩飾我們藏在懷裡的那些想望。這種苦衷，臺灣人也懂——直到北馬其頓共和國已經獲得承認，我們依舊在後頭苦苦追趕，試圖甩開緊箍著臺灣的那兩道括弧。

但馬其頓與臺灣相似的糾結與命運，邊檢人員不見得知道。他只負責確認護照資料、檢查臺灣護照需不需要簽證然後蓋章。

護照裡剛剛銘刻上國名的油墨還未乾盡，邊檢站外的天空就又飄起細雪了。幸好在我們之後第一輛過境的車就大方地為我們敞開車門，我們抖乾背包衣袖上的雪水，哆嗦著鑽進車廂。一對阿爾巴尼亞籍的年輕情侶坐在前座，正要去觀光勝地奧赫里德（Ohrid）度週末。和大多數挨著邊境居住的人一樣，出國、跨越國境對他們來說幾乎就是種日常。他們專心地開著車，隨著音響放送的美國流行音樂輕輕擺頭晃腦，彷彿後座的我們並不存在。車窗外，和小鎮同名的奧赫里德湖貼著公路向外鋪陳，湖面上墨黑的液體，和遠方模糊的山稜線，勾勒著春天遲來的濃稠地景。

來自土耳其的觀光客——穆罕默德

淡季的奧赫里德看起來有些冷清，但它實際上幾乎是整個馬其頓唯一知名的觀光賣點。夏日裡，鄰近的人們來此度假，虔誠的東正教徒則將這裡視為「巴爾幹的耶路撒冷」，朝聖的人絡繹不絕。但我們後來在通往首都史高比耶（Skopje）的高速公路上攔下的便車，居然不是東正教徒開的，而是一位叫穆罕默德的土耳其人。

穆罕默德在土耳其的布爾薩（Bursa）經營旅館，趁著旅遊淡季偷閒來巴爾幹半島度假。他的老婆妮哈爾（Nihal）則是泰國人，和穆罕默德在泰國相遇之後就嫁去了土耳其，至今仍在學習文法刁鑽的土耳其語。穆罕默德之所以會為我們停車，其實是對我們的亞洲面孔感到好奇，以為我們剛好也是泰國人，可以跟妮哈爾聊上幾句。

他們開的汽車是租來的，當時正要往科索沃的方向開去。穆罕默德說他其實是舊地重遊，前一週臨時起意想帶老婆出國走走，一時想不到還有哪裡好去，就又選了他最熟悉、距離伊斯坦堡不到兩小時航程的巴爾幹半島。

從奧赫里德前往首都的路程要翻越兩座雪山，但路況並不差。途中經過的馬其頓中部正好也是穆斯林比例較高的區域，放眼望去，嵌在山腰裡的村莊幾乎都有清真寺，高高的喚拜塔插在平淡無味的山景裡總很醒目。

就人口組成來說，作為南斯拉夫文化圈一分子的馬其頓其實不只是「馬其頓人的國家」。雖然馬其頓裔的國民目前仍占人口多數，但馬其頓境內還有人數不少的阿爾巴尼亞裔居民。尤其，阿爾巴尼亞裔社群以超高生育率著稱，過去三十五年來人口就增長了將近百分之四十；相較之下，馬其頓裔人口同時期的增長只有不到百分之二。

馬其頓政府也給予阿爾巴尼亞裔的國民一定程度的自治權，在許多阿爾巴尼亞裔聚居的村莊裡，甚至常常可以看見阿爾巴尼亞的紅底山鷹旗在空中飄揚，乍看讓人有些錯亂，不知道究竟是身處阿爾巴尼亞還是馬其頓。

二〇一五年春天，馬其頓北部有分離主義團體與軍警交火，一時還登上了國際新聞版面，其中起事的分離主義團體，就是以「泛阿爾巴尼亞主義」為組織核心精神的「民族解放軍」（Ushtria Çlirimtare Kombëtare, UÇK）。

除了阿爾巴尼亞人之外，馬其頓境內也有不少土耳其裔居民。十四世紀之後，包括馬其頓在內的巴爾幹半島逐漸落入鄂圖曼帝國的掌控之中，而土耳其移民也跟著帝國來到這裡。歷經六個世紀的世代相傳，那些土耳其裔的帝國移民早已落地生根，成為馬其頓境內不容小覷的「少數族群」。今日馬其頓境內以土耳其裔為主要選民的地方政黨，甚至同樣也會使用土耳其的星月旗作為召喚。

巴爾幹政治地景錯綜複雜，馬其頓周遭的阿爾巴尼亞、科索沃本就不是局勢穩定的地方，南邊的鄰居又是為了搶奪「亞歷山大神主牌」而撕破臉的希臘，而馬其頓內部又有不少穆斯林族群，在族群認同上與主流的斯拉夫族裔不同，對於剛剛獨立沒多久、國族認同仍在襁褓之中的馬其頓，這簡直就像是堆放在火爐旁的黃色炸藥。

透過後視鏡，我看見穆罕默德瞇起眼睛、睥睨著眼前的公路風光，不由得心想，由一個來自土耳其的觀光客帶領我們穿越馬其頓的中部，大概也稱得上是某種「便車抽樣法」的巧合——他像他的土耳其祖先那樣，此刻正躊躇滿志地橫越巴爾幹半島；當年鄂圖曼帝國的「帕夏」們帶著伊斯蘭教和通商網絡來此，今日的土耳其觀光客則持續在為馬其頓帶來外匯收入。鄂圖曼帝國的昔日版圖不只反映在土耳其卡車司機的路線之中，也還可以從土耳其人選擇海外旅遊目的地的偏好中看出。

前往首都的路上，我們很快和穆罕默德一家人變得熟稔。穆罕默德喜歡聽我們的便車經歷，熱心地為我們解釋馬其頓的族群問題，停等紅燈時又會轉過頭來逗弄心愛的女兒。天氣轉晴後，車窗外是藍天之下鋪著新雪的山景，一切亮得像上了層釉。

另一個版本的土耳其

就在我們距離小鎮契切沃（Kichevo）不遠時，穆罕默德的女兒突然嚷著尿急，他只好踩緊油門，趕往下一個附設洗手間的加油站。過了不久，該出現的加油站還不見蹤影，取締超速的交通警察倒是先將我們攔了下來。穆罕默德嘆了口氣，一邊將車窗搖下，一邊翻找駕照和車籍資料。看著眉頭深鎖的交通警察，穆罕默德猶疑了一會，突然脫口而出穆斯林打招呼的用語「願真主保佑你」。

正要接過駕照的警察抬起頭來，看來有些驚訝，但也微笑著回應招呼。原來警察是土耳其裔的馬其頓人。穆罕默德見狀，連忙以土耳其語解釋超速的原因，警察看看後座的小女孩，會心一笑後就把駕照還給了他。

從廁所回到車上後，穆罕默德得意地和我說，其實一看到警察的面孔五官，他就猜想對方是土耳其裔，土不親人親，撂點土耳其語、攀點關係，罰單十之八九能勾銷。真要說起來，穆罕默德這次能省下一筆罰單，也是多虧了土耳其祖先的遺澤。

汽車駛入契切沃的鎮中心之後，我們花了些工夫才找到停車位。穆罕默德帶著我們在到處都是土耳其文招牌的街上散步覓食，看了半天，最終還是走進了土耳其烤肉（Döner Kebab）餐廳。餐廳的名字甚至就叫「帕夏」，在日常進食之中遙遙紀念土耳其人來此開疆闢土的祖先。

我們挑了餐廳最深處的桌子，空氣中瀰漫著牛肉的焦香。穆罕默德在店門口和老闆點菜，順便也聊上兩句，遠遠看去，兩人臉上都是那種只有在異地遇到老鄉時才會出現的莫名熟稔和熱絡。

「對我而言，馬其頓就是另一個版本的土耳其。至少在這裡，我可以用土耳其語點菜，找到我在土耳其習慣吃的食物。」食物上桌後，穆罕默德這樣說，然後一邊抹去嘴角沾著的肉汁，一邊大口喝下土耳其式的發酵乳飲「愛蘭」（Ayran）。妮哈爾坐在一旁照顧女兒，忙得幾乎連吃飯的空閒都沒有。她來自泰國的味蕾，至今仍然不太習慣酸酸鹹鹹的愛蘭，堅持以汽水佐餐。

最後我們在日落之前抵達首都史高比耶。穆罕默德將我們放在通往市區的公路旁，又要繼續北上。穆罕默德一家人離去前，我們和他們輪流擁抱，感謝他們讓我們搭上便車，更感謝他們一路的陪伴。

歐洲的背面

如果你不曾聽過史高比耶這座城市的話，那也是正常的。這裡猶如歐洲的「背面」，總被遺落在視野之外。我們徒步走向市區，寬闊大街兩旁的公寓大樓有不少遺留自共產時代。作為一個新國家的首都，史高比耶不太成熟、有點躁進，乍看又很難讓人留下深刻印象。

但史高比耶其實很有特色。不算寬闊的發達河（Vardar River）穿過市中心，像條天然界線，隔開了居民多半是穆斯林的北岸，以及主要由東正教徒聚居的南岸。北岸的穆斯林街區充滿族裔風情，有石板鋪成的曲折小巷、紅瓦屋頂的民居和小店，和南岸整齊劃一、放射狀的街道布局相比，更受觀光客歡迎。

隨處可見的銅像，則是史高比耶的另一個特色。南岸的「馬其頓廣場」上有亞歷山大騎著愛駒「布西發拉斯」（Bucephalus）的銅像，是馬其頓政府二〇一一年為了紀念獨立二十週年而立的，北岸則有亞歷山大的母親奧林匹亞絲（Olympias）正在為亞歷山大哺乳。再往北走一點，阿爾巴尼亞裔的社群也沒有在銅像建設的競賽中缺席，特地選了在阿爾巴尼亞歷史中與亞歷山大齊名的民族英雄——斯坎德培（Skënderbeu），並讓他同樣坐在馬上，彷彿要與河對面的亞歷山大隔岸較勁。

「國族工程」一詞在這裡不只是抽象的認同建構，更是更為具象的人造物，由混凝土和花崗岩組成。藉由神話和看板人物來寄託國族認同，到底還是最速成的方法。

馬其頓人和亞歷山大的銅像一樣昂首自信，他們是亞歷山大的戰士，是德蕾莎修女的繼承者。是的，就連德蕾莎修女也是馬其頓人的「民族英雄」（雖然對有些馬其頓人來說有點尷尬，因為她其實是阿爾巴尼亞裔的馬其頓人）。這樣的自信，沒了集體神話的灌溉或許便會乾枯；沒有自己的故事可講，又意味著很快要被人遺忘。神話，終究是必要的。

這裡國族認同仍在草創階段的躁進與張揚，還有關於國族認同的初探與追尋，大部分臺灣人也並不陌生。那有點像正值青春期的人，童稚以上、成人未滿，難免掙扎彆扭，不斷逼問「自己是誰」，還來不及確認、來不及取得共識，就急於向別人展示或證明。

有點矛盾的是，才剛剛獨立出來沒多久的馬其頓就又急著要加入歐盟。成為歐盟的一分子，是許多巴爾幹小國重振經濟，在國際社會中取得肯定的捷徑。

二〇一六年新上任的總理左然．扎耶夫（Zoran Zaev）為了加速馬其頓加入歐盟的時程，改善馬其頓長年的孤立狀態，決定積極解決國名問題，並且承諾將馬其頓境內原本以「亞歷山大」為名的高速公路和機場重新命名，藉此對希臘表達善意和解決問題的決心。

在聯合國的居中調解下，希臘與馬其頓兩國後來在二〇一八年六月協商出新方案，將馬其頓的正式國名改為「北馬其頓共和國」。對於馬其頓人來說，這個新方案至少保住了「馬其頓」這個名號，而希臘人則可以說「北」這個字意味「正統」的馬其頓仍在希臘，算是一個兩全其美的替代方案。

然而消息一出，又有人不太滿意了。對於某些希臘人來說，深陷債務而現世潦倒的希臘已經灰頭土臉，如果還要出讓「馬其頓」這個承載過往榮光的重要符號，無疑更加讓祖上蒙羞；而馬其頓右翼的反對黨，也無法忍受執政黨因為外來勢力修憲改名，痛斥改名方案是叛國行為。

為了消消希臘的怒氣，馬其頓總理扎耶夫甚至表明願意移除街道上數量過多的亞歷山大銅像。這下子，原本還在廣場上騎著馬正要躍起、英姿煥發的亞歷山大，反而成了無辜的受害者，彷彿想要逃離馬其頓尷尬的「身世爭議」一般。然而嘴唇微張的他無法出聲為誰辯護，只有腹語。

Chapter 13

巴拉圭 Paraguay

地球的背面

最遙遠的距離

對於任何一個臺灣人而言，巴拉圭這個國家，至少有兩個特別的意義。

首先，巴拉圭是臺灣的「對蹠點」（Antipodes；蹠，音ㄓˊ）。對蹠點是什麼？想像一下，生活在地球上的我們，其實都站在一顆球上。如果我們往地底下鑽、直直穿過地心，最後總會從地球的另一端重新回到地面。地理學家把這兩個端點稱作「對蹠點」，而它們的連線，就是地球的球徑；如果你再根據簡單的幾何原理推算，則會發現，每組對蹠點都是地表上彼此相距最遠的地方。所以換句話說，在這個世界上，距離臺灣人最遙遠的地方，就是巴拉圭。

可以到自己家鄉的對蹠點去旅行，其實並不是一件容易的事。為什麼？除了因為那是地球上距離自己最遙遠的目的地之外，也還因為地球水陸分布不均，絕大部分陸地的對蹠點，實際上都落在海面上。從這個角度來看，對蹠點落在陸地上的臺灣倒是很幸運——換成美國、英國、法國、德國、印度人，他們如果想拜訪自己家鄉的對蹠點，還無處可去呢。而且很巧合的是，臺灣的對蹠點附近，正好也有個地方叫做「福爾摩沙」，只不過不是在巴拉圭，而是在阿根廷鄰接巴拉圭的領土上。

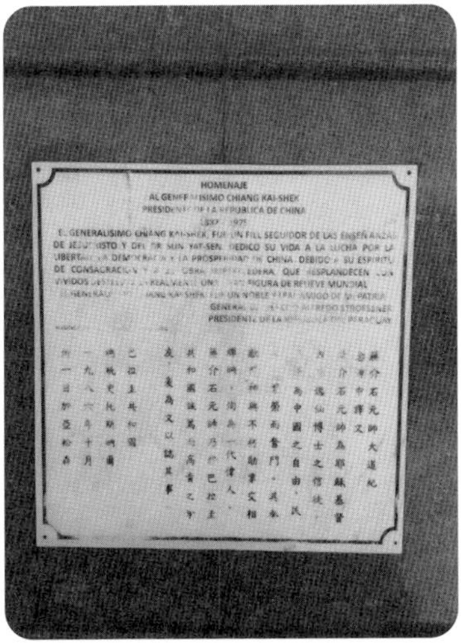

另一個特別的意義則是，巴拉圭是中華民國目前不到二十個邦交國中的其中一個，也是中華民國在南美洲的唯一一個邦交國。換句話說，「人緣不好」的中華民國，居然在距離自己最遙遠的地方，交到了一個「朋友」。也因為如此，中華民國駐巴拉圭的代表處，可以名正言順地掛上「大使館」、「領事館」，而不再需要用曖昧不明、半官方的「經濟文化辦事處」來兼顧地主國的政治正確。對於早已習慣護照不獲承認、簽證常常得另紙核發的臺灣人而言，來自家鄉的大使館，反而是一種奇觀；許多來巴拉圭的臺灣背包客，甚至把「中華民國大使館」當作景點，專程前來朝聖。

在綠色地獄徘徊

巴拉圭其實原本不在我們計畫的旅行路線之中。但結束玻利維亞的行程後，我們不想太早回到高物價的巴西，又被玻利維亞南部的地景與美酒勾留太久，於是決定改變計畫、取道巴拉圭，穿過被稱作「綠色地獄」（green hell）的查科草原。

偏離路線總免不了要付出代價。玻利維亞和巴拉圭接壤的地帶，是一大片被稱作

「查科草原」的區域；雖然名為草原，卻沒有任何能跟草原意象扯得上邊的豪情壯闊或颯爽清甜，放眼望去，只有漫無邊際的荒涼，還有成群飛舞的蚊蟲——我們常常納悶，這裡分明已經如此貧瘠、人畜不興，除了偶爾有像我們這樣的傻子路過，這些蚊子到底要靠哪來的鮮血維生。

一九三〇年代，查科草原曾是巴拉圭人與玻利維亞人兵戎相見的戰場，草原上屍橫遍野，於是後來又被稱作「綠色地獄」。今日看起來，這個稱號倒是名副其實。因為地理與氣候條件實在不適人居，巴拉圭政府甚至無法將邊防站設在邊界上；車子進入巴拉圭後，得再行駛一百公里，才找得到人在我們的護照上蓋入境章。

從玻利維亞終年嚴寒的高原下山後，我們在維亞蒙特斯（Villa Montes）轉車，準備向巴拉圭邊境挺進。維亞蒙特斯看起來不太起眼、人口也不多，但因為位在高原銜接亞馬遜平原的關鍵位置，因而成為東西向和南北向公路交會的十字路口。查科戰爭期間，這裡還是玻利維亞軍隊的大本營，直到今日都是鎮守的重要戰略位置。

根據一個流傳頗廣的傳言，查科戰爭之所以開打，其實是美國標準石油和荷蘭皇家殼牌這兩家石油公司為了爭奪地盤而引起的；當時有不少人相信，這片貧瘠的綠色地獄，其實浮在一層黑亮亮的石油之上。不過這個說法終究只是傳言，被許多歷史學者嗤之以鼻。

我們看著柏油路在太陽下噴出熱氣，視野中稍遠的地方都像被融成液體一般，很難想像當年人們在這裡要怎麼打仗。在西班牙文裡面，查科戰爭有時候又以身體感受為名，被稱作「乾渴戰爭」（La Guerra de la Sed），倒是貼切至極。

其實不論是玻利維亞或巴拉圭，兩者在南美洲都是弱國，自西班牙獨立之後都接連經歷了戰敗。尤其是玻利維亞。在和巴拉圭開戰之前，玻利維亞才在一八七九年和智利交戰，打了一場耗時五年的「太平洋戰爭」，搞得自己塗炭生靈。最後，玻利維亞成為輸家、只能割地賠款，還喪失了通向太平洋的出海口，被徹底打成了一個內陸國。

喪失了太平洋岸之後，不甘心的玻利維亞，逐漸把腦筋動到了東邊的大西洋岸；而查科草原，就是玻利維亞意圖順著拉布拉他河系、通往大西洋路上的必經之路。就先天條件來說，玻利維亞人口更多，還有美國在背後援助武器，無疑占了上風，無奈習慣高原氣候的士兵，最終還是不敵查科草原低海拔的高溫與環境，只能敗北。同樣剛從高原下山，來到查科草原邊緣的我們，完全能夠體會玻利維亞士兵熱到投降的心情。

抵達維亞蒙特斯時不過早上八點，但日頭已經開始炙烈。我們想趁早前往邊境，於是找了個樹蔭、放下背包，就開始試著攔便車。接連幾臺停下的駕駛，一聽說我們要去巴拉圭，都是搖了搖頭就開走了。過不了多久我們就發現，要搭便車前往邊界幾乎是不可能的。事後回想，我們真是低估了「綠色地獄」。

說也奇怪，去巴拉圭的車子少之又少，但我們等便車時，卻認識了一個小夥子，他也想去巴拉圭。我們一起等便車，他卻不太說話；原本以為他是害羞內向，但後來覺得他的木訥，似乎更像是對一切都滿不在乎的漠然。問了半天，我們才知道，原來半年前他帶了一個小背包，連護照都沒有，就從哥倫比亞的老家出發，一路遊蕩到了這裡。

「沒有護照？那你怎麼過境？」小夥子聽了只聳了聳肩，算是對我們的回答。一路上都在和簽證手續搏鬥的我們，聽他連護照都沒有，反倒覺得有點羨慕。和我們並肩在烈日下走了一段後，小夥子突然轉身，連一句道別都沒有，就一溜煙地消失了。

聽說從首都拉帕斯開往巴拉圭的跨國巴士每天凌晨三點會在維亞蒙特斯的巴士站停靠，我們於是決定回到巴士站紮營過夜。

玻利維亞車站的硬體設備遠不及智利那些處處現代化、閃耀資本光芒的基礎設施，站內環境稱不上乾淨，也不明亮；奇妙的是，置身其中，身體會接受某種神祕暗示，束縛「現代文明人」在公共空間行為舉止的條條框框被徹底鬆綁。在大大小小車站裡，不只我們，許多當地人也會坐在地上，有的等車，有的則等天亮。有些人會帶幾條絨毛大棉被（就像老家櫥櫃裡那些帶著醒目紅花的燈芯絨被），包著小孩臥坐在椅子上；有的直接把一條大紅大綠的棉被攤平，再用一條裹身，就地睡去。一眼望去，好像在幼稚園木質地板上一團團裹在睡袋裡午睡的孩子們，而我們睡在帳篷裡，相較之下就像住在豪宅裡。

不知道是情報錯誤、還是巴士脫班，將我們送往巴拉圭的最後希望，到了日出都沒出現。哥倫比亞小夥子似乎完全不在意，告訴我們還有班小巴每天早上會開往邊境上的依比波波（Ibibobo）。我們三個人一起在維亞蒙特斯的鬧區裡來回問人，折騰了好久，才終於在發車前幾分鐘找到小巴。

小巴的終點，是公路邊幾間用鐵皮搭成的房子，在太陽底下閃閃發光，邊檢站就設在這裡。說是邊檢站，其實也不過就是一個罩著鐵皮的幾個水泥盒子，盒子裡住著穿迷彩服的阿兵哥。我們說明來意之後，其中一個軍人拍胸脯跟我保證，就算搭不到便車，那班跨國巴士每天凌晨也絕對會在這裡停靠，讓乘客下車辦出境手續。

就在我們和阿兵哥閒聊時，一臺砂石車經過了我們眼前，定睛一看，才發現哥倫比亞小夥子竟然就坐在副駕駛座上和我們揮手，臉上堆滿賊賊的笑容。雖然真的只是萍水相逢，但畢竟我們曾和小夥子在同個車站過夜、正要往同樣的方向前進，還因為一起找小巴而培養了革命情感，看到他又一次不告而別、毫無懸念地拋下我們，我們心裡居然覺得有點受傷。

到了中午，我們依舊被困在邊檢站。阿兵哥為我們打了兩盤飯菜，邀我們一起過去吃午餐。阿兵哥的好意難卻，但我們又不想白吃白喝，所以跑去雜貨店買了兩瓶汽水當作回禮。一起吃飯時，我們談在南美洲的便車旅行，也聊臺灣是一個怎麼樣的地方。

一整天下來，我們一邊坐在邊檢站的水泥護欄上趕蚊子，一邊看著天上的雲發呆；偶爾經過幾輛車，清一色都是要去邊界附近載砂石的卡車。我們在這裡刷新了等便車時間的紀錄（而且最後還是失敗了），只能安慰自己至少娛樂了戍守邊防的阿兵哥們。對於他們來說，站哨時有外國人一起聊天，或許已經是邊疆平淡生活中難得的樂趣。

入夜之後，我們在邊檢站旁搭起帳篷。雖然溽熱難耐，但撐起帳篷總是件快事，以天為被、以地為床，不用銀子而用時間換空間。這一方小空間依時間遷移，日出就收，日落再撐起。黑夜裡在帳篷中，什麼事都不能做，但這番靜默卻能讓人把整天的活動攤平、翻開，重新再嘗一次；每日搬移，即使是遇上折騰人的倒楣事，也能快快拋開，再度走向期待與未知裡。

站夜哨的阿兵哥答應我們，巴士如果來了，會來叫醒我們。這次，巴士沒有過站不停。我們一邊打著呵欠，一邊和阿兵哥道別，感謝他們短暫的收留，然後上車繼續倒頭昏睡。

臺灣的那個中國

隔天一早，太陽才剛攀上地平線，我們就在迷糊之中被路程的顛簸搖醒。

拿出手機打開地圖，發現巴士居然才剛剛進入巴拉圭沒多久。柏油路面上的窪洞太多，巴士只能以低於三十公里的時速前進。路旁散落著零星的矮灌木叢，乾癟癟的青綠色，一點生機也沒有，真的是綠色地獄啊。幾個小時後，車廂裡愈來愈悶熱，就算打開窗戶，灌進來的也只有炙燒的熱風。陽光透射下，只剩下如山嵐雲霧般噴進車廂的沙塵能在視覺上帶來些許涼意。就在我們擠在狹窄的座位上被熱到幾近彌留之際，巴士終於抵達了巴拉圭的邊檢站。

過海關檢查行李時，穿著汗衫的軍人瞥了一眼我泛著慘綠的護照，挑眉問說：「China de Taiwán?（臺灣的那個中國？）」我一邊連忙把隨身的細軟家當翻出來給他看，一邊覺得好像有哪裡怪怪。等等，臺灣的那個中國？

「我知道你們不是『紅色的中國』（China Roja），他們不是巴拉圭的好朋友。」說完，他彎腰下去翻攪我的背包，虛應故事。

和臺灣人經常抗拒的「中國的臺灣」這個稱呼相比，「臺灣的那個中國」恰好顛倒了過來。在巴拉圭，「中華民國」才是真正被承認的中國，也就是說，臺灣人所代表的「中國」，才是合法的中國政權。但就算如此，一般人日常言談中如果講到沒有前綴詞的「中國」，指的依舊是中華人民共和國，只有「臺灣的那個中國」才是臺灣。所謂「一中各表」的政治話術，竟然是在承認中華民國的巴拉圭，反而更顯得自欺欺人。

不過這大概也可以歸為某種對蹠點式的魔力吧。對蹠點的英文是「Antipodes」，由兩個希臘字組成：倒反（Anti）以及雙腳（Pous），既具象又可愛——分別站在地球兩端的兩個人，在地球上的確是相互顛倒，以腳掌對著彼此呀。於是在巴拉圭我們顛倒著看這個世界，甚至連「中國的臺灣」，都變成了「臺灣的中國」。

不耐煩的軍人其實並不在意我們的國籍。而且更重要的是，在巴拉圭的無人之境磕磕巴巴了五個小時之後，我們終於成功入境巴拉圭了。

費拉德費亞的門諾派教徒

巴士轉進筆直的九號公路後總算迎來坦途。我們在通往費拉德費亞（Filadelfia）的岔路口下車，踏上堅實的柏油路面，簡直宛如重獲新生。特地半途下車、沒有跟著巴士直接坐到終點，一方面是因為我們實在再也受不了沒空調的車廂，一方面也是聽說費拉德費亞所在的費恩海姆（Fernheim）拓墾區，居住著南美最大的門諾教德語社群。在這個綠色地獄裡，住著一群講德語的移民後代？光想像就覺得有趣。

門諾教派一般被視為「再浸派」(Anabaptism),他們相信只有在信徒有意識、自願的情況下受洗,洗禮才有效力,所以剛出生就受洗的嬰兒,必須在長大之後再次受洗,才能成為真正的基督徒。受到天主教和其他新教教派的打壓,這些門諾教徒從十六世紀開始,便從今日的荷蘭一路向東遷徙,又在十八世紀末移居到當時的俄羅斯帝國境內。一九二〇年代蘇聯成立之後,手上握有大片土地的門諾教徒成為階級敵人,只好再次踏上流離之路;其中一些人,最後就在巴拉圭的綠色地獄落腳。

和我們一起下車的,還有一位綁著辮子的金髮女孩,不論面孔和髮色,都不像我們一路上看見的巴拉圭人或玻利維亞人。我們在路口一邊查看地圖,一邊偷聽金髮女孩和來接她的家人說話,他們的對話果然夾雜德語。我鼓起勇氣和他們攀談,委婉表明想搭他們的便車前往費拉德費亞,好在他們的熱情完全是南美洲式的,沒有繼承刻板印象中德語區的淡薄人情。

上了車後,女孩和我們自我介紹,她的名字是萊歐妮,和她父親一起去接她的,還有她的未婚夫馬央。馬央的皮膚黝黑、眼神深邃,是巴拉圭瓜拉尼人和西班牙人的混血後裔,笑起來帶點東方人的靦腆。我們擠在貨卡的後座,不消十分鐘,就直直闖入費拉德費亞這個日耳曼式的南美核心腹地。

真的是核心腹地。谷歌地圖裡，GPS把我們的行蹤投射成一個藍色的點；滑動指尖、縮小比例尺，我們的藍點在地圖裡，看上去就像整個南美大陸的肚臍眼。

進入小鎮的中心後，車子行駛在方方正正的街廓裡，馬路平坦得簡直不像是在巴拉圭。我們最後在「佛羅里達大飯店」的中庭裡停車。萊歐妮一家人堅決要陪我們一起進旅館，確定我們有地方過夜了，才能放心和我們道別。

嚴格說來，費拉德費亞沒有什麼觀光景點，只有個小巧可愛的拓墾博物館，是由開墾初期遺留至今的木造房屋改裝而成的。也許拓荒開墾的人總是質樸的莊稼人，又或者忙著生存的人本就無暇顧及門面，博物館的木屋樓高兩層，沒有多餘裝飾，而連通兩層樓之間的木梯，就大方地掛在木屋的正立面上，是完全功能導向的設計。

拓墾博物館裡也沒有多媒體互動展示裝置，只有牆上掛著的黑白照片、文件，和玻璃櫃裡的各種日常物件。總之，就是用很平實的語氣、一五一十娓娓道來的方式說故事。

我們後來一致認為，其中最讓我們動容的一件展品，是一件毫不起眼的呢毛大衣。隔著玻璃，我們想像那件大衣毛茸茸的質地，也想像它的主人當年從寒凍的俄羅斯啟程時，甚至不知道自己將要前去的地方是一個熱帶原野，於是仍把大衣塞進了行李，來了之後才發現完全派不上用場。流離總難免是荒謬的，而這件呢毛大衣，則讓流離的荒謬一覽無遺。

我一直都喜歡博物館，甚至曾幻想要將自己的房間布置成一個微型博物館，這樣就能成天都住在博物館裡。把同一主題的收藏品，累積到那樣的數量，然後精心擺放、每天龜毛地微調展品位置，那種近乎癡迷而強烈的偏執令我著迷。我們曾在阿根廷南部一個荒涼的石油小鎮上遇過另一個可愛的小博物館，裡頭的展覽論述與布展裝修，全都由一個身兼藝術家和研究員的策展人包辦。她在歐洲工作大半輩子之後，回到故鄉操持這個博物館，並且天天在現場為來客導覽。當時我們覺得，與其說我們去的是博物館，不如說是走進策展人的小房間一般，在接受主人悉心招待。那個博物館，像是她親手製作、細心包裝的禮物一樣，要送給自己深切愛著的家鄉。而在費拉德費亞，四處離散的門諾教徒，同樣也有一群認真操持博物館的後代，在綠色地獄貧瘠的土壤上，持續灌澆集體記憶。

離開二樓的展間時，我們在博物館辦公室門外遇上館員阿加莎。她就是在這個博物館裡維繫記憶的澆水工。

阿加莎的曾祖父母是克里米亞的門諾教徒，一九〇八年被送往西伯利亞，又在一九二〇年代途經中國的哈爾濱，最後才在一九三二年來到巴拉圭。出於低地日耳曼的血統淵源，今日德國政府會固定派人前來巴拉圭支教，偶爾也遴選學生過去德國受訓。他的丈夫曾是獲選培訓的其中一人，所以阿加莎也跟著在德國住過兩年。我們問她在德國時有沒有什麼特別的感受，她想了一下笑說，剛到德國的時候覺得很驚奇，因為「那裡街上的所有人，居然都說我們在家裡才會說的語言」。

門諾教徒一直都是成功的開拓者。十八世紀末，門諾教徒之所以遷往俄羅斯帝國，其實也是因為凱薩琳女皇擊敗了土耳其人，急需人口開墾剛剛奪下的克里米亞，於是才以宗教自由為誘因，向當時住在普魯士的門諾教徒招手。

阿加莎笑說，或許就是因為門諾教徒善於拓荒的名聲太過響亮，所以才被巴拉圭政府丟來這個不毛之地進行開墾。後來門諾教徒果真沒有辜負老祖宗的盛名，竟然在「綠色地獄」裡經營得有聲有色。甚至有個說法是，當年巴拉圭和玻利維亞在談判查科草原的主權歸屬時，巴拉圭之所以占了上風，就是因為當初同意讓門諾教徒在此定居的，是巴拉圭政府、而不是玻利維亞。

但門諾教徒能成功在綠色地獄落腳，靠的不只是堅毅性格或祖先積蔭，而是聰明的經營與管理。阿加莎說，整個費拉德費亞和周邊幾個拓墾區，其實都在「費恩海姆拓墾合作社」（Cooperativa Colonizadora Multiactiva Fernheim）的範圍之內，經營項目包括酪農、農產加工、運輸物流。甚至，連我們住的佛羅里達大飯店，也都是合作社的成員之一。這裡的基礎建設和公共設施，受合作社的盈餘支持，因此品質也比巴拉圭其他地方來得好。比如查科地區原本沒有醫療設施，於是巴拉圭政府便和合作社簽了協議，請他們代為組織營運醫院；今日，費恩海姆拓墾區的三個鎮上都各有一家醫院，其中不少病患還是從外地專程而來的。

在由移民組成的巴拉圭社會，成功的拓墾故事，並不是門諾教徒的專利。阿加莎指著地圖和我們說，如果我們往東部走，也會看到許多日本人的移墾社區，他們來得甚至比門諾教徒早，而且同樣善於以合作社方式經營農場。據說，巴拉圭以前少有蔬菜供應，一直要到日本人來以後，市場上才開始出現生鮮蔬菜。直到今日，門諾教徒供應酪農品，日本人供應蔬菜，分工界線依舊分明。

下午，我們傳訊息告訴萊歐妮我們要離開了，沒想到她聞訊之後，馬上帶著未婚夫前來旅館，鄭重地和我們道別。後來我們在臉書上看到他們結婚的照片；又隔沒多久，他們頭髮鬈鬈的孩子也在我們的臉書上出世。很多時候，我們在旅途上認識的許多人真的都只是萍水相逢，道別後可能永遠不會再見，但臉書卻延展了這些萍水相逢，讓他們在貼文留言和藍色拇指之間，偶爾闖進我們回歸日常後的生活，而不再只能被回望遙念。

—巴拉圭的蔣介石—

相較於不用一個下午就能走透透的費拉德費亞，巴拉圭的首都亞松森（Asunción）簡直大得無邊無際，像一顆活著的腫瘤一樣，還在不斷吞噬周遭的森林。這是個和臺北有點神似的城市。巷弄間，有用擴音喇叭招攬生意的摩托拼裝車，叫賣的腔調和我們熟悉的「修理紗窗、紗門、換玻璃」非常類似；馬路旁，則有許多年久失修的殖民建築，低矮的違章建築也和國家的權力中樞與政府機關比鄰而立。一九七〇年代，許多來自臺日韓的移民又為這個南美魔幻大陸上的城市增添了些許亞洲風味。

剛到亞松森，我們就注意到地圖上有條路的名字是「Chiang Kai Shek」（蔣介石），若要親切一點，大概可以翻為「中正路」。作為「自由中國」在南美洲唯一的堅定盟友，巴拉圭有條紀念盟友領袖的馬路似乎再自然不過，但對我而言，去看一個在臺灣已被重新定位的名字落在異國的街道上仍然非常吸引人。

我從鬧區出發，頂著盛夏烈日走了兩公里半、穿過幾個蕭條的街區，才終於抵達那裡。蔣介石大道筆直寬敞，路中央還有帶狀的小公園，整條道路以四十五度角格格不入地斜穿過工整的道路網，因此每個街口總是複雜多向的交叉。這裡不是引人注目的街區，大門緊閉的住宅全都無關緊要地堆在路邊，好像隨時可以被午後的熱浪融化掉，也不會有人注意到似的。

出乎我意料的是，蔣介石大道的起點居然真的有一個所有臺灣人都再熟悉不過的挺拔身影。站在蔣公腳下，我看著碩大的銅像被烈日投影在巴拉圭塵土飛揚的街道上，幾乎要以為這裡其實是臺灣的某個校園，或是哪個小鎮裡道路交匯處的圓環。

這條大道和銅像，是在一九八六年落戶亞松森的。為了紀念蔣介石一百年冥誕，當年同樣堅定反共的巴拉圭總統阿爾弗雷多・史托斯納爾（Alfredo Stroessner）下令將這條街用蔣介石的名字命名，而臺灣這邊則負責出資在路中央設立中式的帶狀公園。傳聞史托斯納爾和蔣介石私下的交情也很不錯，蔣介石去世後沒多久，史托斯納爾甚至還親抵臺灣謁陵。

和世界上大多數紀念物的下場一樣，蔣公銅像在這裡似乎早已無意識地融進街景之中。除了銅像，帶狀公園裡還有中式的涼亭、座椅、街燈，上頭標注著「由中華民國政府捐贈」的字樣，用中華風支撐著以蔣公為首的紀念功能。

蔣公銅像在這裡的格格不入，馬上讓我想起我們才剛剛離開的費拉德費亞。但在費拉德費亞，維繫記憶、並持續繁榮的是一群活生生的人，他們榮辱與共，透過生活將文化的根扎在異地的土壤裡。然而在蔣介石大道上營造飛地的，卻是一個不太有人認識的外國人。安置那尊銅像，甚至不用地基。

公園裡，有個坐著乘涼的中年男人，饒富興味地看我拍照，並且問我從哪裡來？

「臺灣。」

他搔了搔頭，大概是有點苦惱，不太確定這個地名可以怎麼繼續話題，「那個銅像呢？你來看他？他是哪裡人？韓國人？中國人？」

我頓了一下，想想這問題牽涉的複雜性，以當時的氣溫來看可能足以導致我們兩人一起在路邊中暑。所以我決定簡單地說：「不，他也來自臺灣。」無論如何，銅像來自臺灣，這個大概錯不了。

一如費拉德費亞的門諾教派移民飛地，蔣介石大道的超現實也是鑲嵌在日常的對比與錯置之中——再普通不過的中式建築，對比再普通不過的巴拉圭民居地景。由此，如果想體驗這裡的荒誕，最好的方法（也是最尋常的方法）便是從一片巴拉圭式的都市紋理中，就這樣一頭撞進「臺灣的那個中國」。

最後我帶著微微興奮，在蔣介石大道上來回走了兩遍，不只驚異於臺灣的中正路和蔣公銅像竟繞了半個地球橫空而至，也驚異於這個再尋常不過的巴拉圭街道，僅僅因為命名、銅像以及平行輸入的集體記憶就能成為某種奇觀，並且只有臺灣人（或中國人）可以意會。

Chapter 14

吉爾吉斯 Kyrgyz

東干老爺的便車

要從吉爾吉斯中部的小鎮科奇柯爾（Kochkor）搭便車去頌湖（Songkul），即使是最簡便的路線都得翻過一座高山，除了偶爾有來往湖邊和城鎮的牧民，就只能期待包車的觀光客經過。但就算是盛夏，吉爾吉斯中部的氣溫在入夜後可能也只比冰點溫暖一點，在這條很難被稱為公路的路上等便車，實在不太牢靠。

我孤身一人，到鎮上的旅行社登記拼車不知道得等上多久，所以決定先到鎮上最熱鬧的廣場逛逛。那裡同時也是鎮上對外交通的集散地，大部分的城際巴士、小巴和私營計程車都在那裡攬客。

連續被幾個司機漫天要價之後，突然有人從後頭拍拍我的肩膀，轉頭一看，是個留著大鬍子的老爺。「我載你去吧」，他一邊說著，一邊咧開嘴裡的幾顆大銀牙。原來老爺接了門生意，要到頌湖接幾個觀光客去南部大城納倫（Naryn），本來就要空車上山，所以也算是讓我搭了趟便車。他不疾不徐，先開去車廠修理底盤，又去市場買了兩斤瓜子，然後回家搬了幾箱飲料、幾顆西瓜，說要順道去湖邊探望朋友。我在他後頭當個跟屁蟲，在市場裡忙進忙出、幫忙扛貨，好像也是要去探望朋友似的。

車子終於上路後，我們總算有時間好好聊聊。和穆斯林聊天，家庭話題是常見的起手式。談到出身，老爺轉過頭來和我說：「我是東干人。你知道東干人嗎？」

東干人的歷史

我當然知道。從來到吉爾吉斯開始，我就一直期待著能遇到東干人。在不少遊記或報導裡，東干人被形容成「住在中亞一帶，講著陝甘方言、使用清末漢語詞彙的一群穆斯林」；對於講漢語的人來說，東干人猶如「人肉時光膠囊」，充滿時空錯置的獵奇感。

東干人之所以在中亞出現，和清同治年間的「回亂」有關。許多回民在起義失敗之後逃往新疆，卻仍怕左宗棠的追兵趕盡殺絕，於是決定在一八七七年冬天翻越天山，最後在當時已屬俄國的中亞境內落腳。此外，俄國後來和清政府在一八八一年簽訂的《聖彼得堡條約》，除了將伊犁谷地歸還給中國，也特別明定伊犁居民可以自由選擇是否要遷往俄國。許多伊犁地區的穆斯林擔心回歸後遭清政府迫害，於是也舉家搬遷至對穆斯林相對友善的俄國境內。這些不同時期的移民有甘肅籍、也有陝西籍，彼此所屬的教派、操持的口音也不盡相同，後來卻都因為擁有類似的移民脈絡而被歸為「東干人」這個族群。

這些被趕盡殺絕的危機意識或許後來仍嵌在東干人的集體記憶之中，以至於傳聞在事隔一世紀之

後，有些東干人見到從中國來的學者時依舊會問「左宗棠大人還在嗎」，何止時光膠囊，簡直就像來到不知有漢、何論魏晉的桃花源了。不過稍有點警覺的人，或許也會覺得這個魔幻的軼聞實在有點可疑。

我沒有細問老爺的歲數，但他鬍子花白，臉頰眼尾被寒凍刻出深深的溝壑，怎麼看至少都已年近花甲。他對於中國現況和歷史的了解似乎非常有限，當我提到左宗棠大人時他也沒有特別反應。

如此說來，那個「桃花源式」的魔幻軼聞大概有幾種可能。要麼軼聞是真實故事，只不過學者遇到的那個東干人恰好對回族的流散史仍有知悉，想幽自己一默卻無心插柳，讓玩笑輾轉流傳至今；要麼從一開始，這個軼聞根本就是某個人有心或無意杜撰出來的。如果是後者的話，更值得追問的或許是，為什麼始作俑者會如此杜撰？是什麼樣的視角，讓我們在談東干人時會持續召喚左宗棠這個清末名臣？又是什麼樣的知識框架讓這種說法對中文讀者富有意義，因而得以流傳？更重要的是，在理解當代東干人的處境時，這種思考方式又會讓我們襲承哪些盲點？

軼聞的真實性我無從證實，但可以確定的是，當年許多回民翻越天山時難捱途中的惡劣天氣，不幸葬身在天山上，就算是到得了目的地的倖存者腳上也早已滿是凍瘡。他們建立了幾個聚落，但聚落之間卻又相隔老遠、非常分散，幾乎不存在面狀的「族裔區」。奇妙的是，這些為了遠離中原而甘冒風險、長途跋涉的回民，一開始在中亞生活時卻又經常自稱「中原人」。

一九五〇年代之後，東干人開始逐漸以「回族」自稱，而這個轉變和新中國成立之後，「回族」被重整納入「中華民族」的族裔工程有關。我們原本琅琅上口的「漢滿蒙回藏」之中的「回」其實是地理概念（背誦「漢滿蒙回藏」的順序，在地圖上也正好是以逆時針數來的順序，呼應的是地理空間的分布），原本還包括今日新疆境內的非漢語系穆斯林；將「回」限定為「講漢語的穆斯林」，是中國共產黨執政之後才發生的事情。

至於「東干人」這個稱呼，又是如何而來的呢？學界至今仍沒能給出令人滿意的答案。漢語論者認為，「東干」其實由「東岸」（黃河東岸）或「東甘」（甘肅東部）的讀音轉化而來，甚至也可能是「屯墾」的訛讀，原本是新疆突厥系穆斯林（比如維吾爾人）用來稱呼到新疆開墾的漢族穆斯林的名稱。突厥語源論者則認為，中亞的突厥人早在十七世紀就已經開始使用「東干」來指稱這些「離開中亞之後又歸來」的穆斯林，字源是察哈臺突厥語的「回來」（dönän）。我不知道哪個論點更有道理，但可以確定的是，「東干人」一詞是在一九二六年蘇聯人口大普查之後，才正式被官方接納為一個族裔名稱。換句話說，東干人這個族裔概念的成形，除了源於回民遭「追殺」的歷史，俄羅斯人類學家、以至於後來的蘇聯政府也都是關鍵推手。

為了增進對新領土的了解，俄羅斯人類學家在十九世紀末和二十世紀上半曾經頻繁地在中亞、遠東地區活動。其中，關於東干人的研究最早由齊布金（Tsibuzgin）和施馬科夫（Shmakov）完成，他們在一八九七年針對卡拉庫努茲[2]所寫的東干人民族誌

2 Karakunuz，位於今日的哈薩克南部，緊鄰吉爾吉斯，後來於一九六五年改名為Masanchi，紀念曾經加入蘇聯紅軍的東干將領馬三奇。

篇幅雖短，卻仍是窺看早期東干人生活的珍貴窗口。落腳中亞初期，有些東干人仍會偶爾返回中原探訪親友。為了在跨境時掩人耳目，這些東干人必須提早三、四年便開始做準備、將辮髮留長，同時又要小心翼翼、避免被俄羅斯當局發現蓄髮，因為跨境前往中國在當時是被禁止的。

一義狗、亮狗、散狗、四狗……一

在民族誌中，東干人被形容成「衛生習慣不佳，但耿直勤奮；嗓門很大、性子又急，是標準的直腸子，但也因此有仇必報」。我看著坐在駕駛座上的老爺，覺得不可思議：一個世紀前民族誌裡描繪的刻板印象，今天套在老爺身上似乎仍然合身。老爺習慣一邊駕駛、一邊嗑瓜子，一趟路下來，方向盤、褲襠上噴得全是唾沫和瓜子殼，大概很難被包車的客人覺得是個整潔衛生的司機。老爺興致高昂，對我的提問有求必應；在車窗完全敞開的車廂裡，他豪爽的嗓子也總是拉得很高。

一路上我把車廂當作東干語教室，不斷拋出一個個俄文單詞，問老爺這些字在東干語裡怎麼說。對於我這個臺灣人來說，那些東干語單詞其實就像怪腔怪調的北方話，

和普通話相去不遠，但如果老爺試著全部用東干語和我對話，我卻又沒有一個字聽得懂，因為東干語還使用了不少阿拉伯文、波斯文和俄語的單詞。

「東干語的數字怎麼數呢？」

「義狗、亮狗、散狗、四狗……」東干語的其中一個特色，便是原本在漢語裡十分豐富的量詞已經流失，全都改以「個」代替，甚至就算只是數數字，「個」都會如影隨形地跟在數字後面，成為數字的一部分。

此外，「食物」的東干語發音接近「十娘」，「學校」則聽起來則是「叫福」。可惜大多數東干人今天早已不識漢字，我無法用紙筆和老爺確認，只能猜想「十娘」和「叫福」如果寫成漢字大概會是「食糧」和「教府」。還有些字彙活像從十九世紀穿越時空而來，比如老爺竟把「政府」叫做「衙門」。

但東干語並非沒有文字。一九二七年，蘇聯便曾以拉丁字母拼寫東干語，又在一九五〇年代改以俄文的西里爾字母制定東干文字，並且成為東干報章媒體、以及學校裡教授東干語時所使用的標準文字。這些將漢語拼音化的舉措之所以能夠成功，除了因為俄語是蘇聯實質上的官方語言這個誘因之外，也因為當年跨越天山而來的東干人祖先本就多是不識字的農民，日常生活中對於漢字並不依賴。此外，必須使用阿拉伯文閱讀古蘭經的回民其實也早就對拼音字母並不陌生；東干人的祖先在移居來中亞之前，除了漢字之外也曾經使用阿拉伯文書寫漢語，這種文字系統一般被稱作「小兒經」。

因此，東干語不只因為保留了很多舊字彙而顯得「守舊」，同時也還有十分「激進」的一面。中國共產黨曾經想要廢除漢字，改用拼音字母書寫漢語，後來卻因為太過激進而沒有實現，沒想到蘇聯這個老大哥在規範東干語書寫系統時早就已經辦到了。

雖然老爺根本不知道臺灣在哪裡，但聽到從臺灣來的我居然聽得懂一點東干話，他也覺得新奇有趣。然而他對臺灣僅有的疑問居然只是「你們那裡有沒有穆斯林啊」，其他的一點興趣也沒有。

不僅如此，老爺甚至連中國都沒去過。我說那裡有很多人說著和東干語類似的語言，試探地問他想不想去看看，沒想到他只揮了揮手說：「那裡沒有穆斯林，何必去呢？」不過老爺又說，他倒是去過麥加和孟加拉，臉上堆滿自豪的笑容。

中國當然不是沒有穆斯林。我只能猜想，或許被中國趕盡殺絕的東干集體記憶實在太深刻，以至於中國今日還是以「不歡迎穆斯林」、「非我族類的國度」形象存在老爺心中。

然而這種以宗教認同取代地緣認同的東干族裔性，也是許多中國學者今日討論東干人時經常忽略的。中國學者習慣強調，為了和同樣是穆斯林的其他中亞民族區隔開來，東干人會刻意保留自己的中原文化，以旗袍長衫作為民族服飾、把清宮廷舞建構為民族舞蹈，清真寺的建築形式和裝飾符號也富含「中國特色」，導致我們容易將東干人想像成為「中國人的後代」。就連他們的馳名菜餚「東干涼粉」（Ашлянфу），看上去也都和陝西的涼皮十分類似，只是沒那麼酸、冷湯的比例也多一些。這些易於印證「東干人是來自中國的人肉時光膠囊」的說法，大多便是這些以中國或漢人為本位來思考的產物，但實際上東干人未必喜歡被貼上中國標籤。

一般來說，東干人較少對特定國家持有歸屬感，不論是「祖國」或者是讓他們「客居」的蘇聯或中亞國家，而他們雜揉的族群認同，往往也難以用國族國家的框架去理解。與其期待他們對中國會抱有對「祖國」、「故土」的情感，不如說許多東干人其實對世界各地其他「講漢語的穆斯林」更感親切。比如據傳祖先來自中亞布哈拉（Bukhara）、同樣是穆斯林的鄭和，比起其他中國的偉人就更能引起他們的共鳴。這或許也是老爺格外關心臺灣有沒有穆斯林的原因。

相較之下，過去的蘇聯研究則傾向認為，東干人在原鄉流離的歷史記憶、以及蘇聯張開雙手接納他們的恩情，導致東干人更傾向於認同新的故鄉。但蘇聯這廂的說法也並非毫無問題。尤其蘇聯解體之後，剛剛獨立的哈薩克、吉爾吉斯政府都希望在人口結構上進行去俄羅斯化，讓哈薩克人、吉爾吉斯人分別在境內成為優勢族群，而作為少數族裔的東干人，因此愈來愈常被看成「來自中國的外族」，而不再是蘇聯時代「社會主義大家庭的一分子」，必須開始面對新的邊緣化困境。

巧合的是，在將「東干人打造成外來人口」這件事上，中亞國家和中國不謀而合，儘管他們各自懷抱的目的不盡相同。對於中亞國家來說，東干人被「外族化」有助於維繫優勢族裔的統治和正統性；對於中國來說，將這些「前朝遺民」打造成新的「華人」

則可以為中國在中亞地區施展影響力時提供槓桿。尤其一帶一路成為熱門話題後，這些住在計畫沿線的東干人也難以置身事外，開始成為中國政府拉攏的對象。

不過這麼一來，問題又來了。從中國移往海外的回族，到底算不算是華人呢？如果算的話，其他的中國少數民族，諸如蒙古族、朝鮮族、維吾爾族，甚至哈薩克族，我們又該如何看待呢？海外華人的界線究竟應該如何劃分？為此，中國學者甚至新創了「少數民族華僑」或「少數民族華人」的概念，試圖開拓位於國族和族裔之間的灰色地帶，卻也可能再度落入對於分類界線的偏執，進一步僵固人類充滿彈性、而五彩斑斕的認同可能性。就此而論，與其說東干人是個「時光膠囊」，不如說他們直指了人類對共同體想像的一道道缺口。

離散在柏油路上

不論如何，東干人的存在，也讓我們看見了「離散」（diaspora）這個概念仍然是以國族國家為中心的概念，而且總是隱含著「對家國的回望或盼望」——將一群人認定為離散族裔，便預設了他們只是暫時客居他方、有個「故國」可以回去，又或者至少應該為他們創造一個國家，例如歷史上的猶太人。

但所有這些，似乎都離老爺太過遙遠。對他來說，「一帶一路」再遠大再輝煌，或許都遠不如他眼前坑坑巴巴的柏油路來得重要。連續幾個髮夾彎之後，柏油路突然不見蹤影，碧藍色的頌湖終於從無數胎痕延伸的盡頭處緩緩升起。老爺慢條斯理地把車停在一條淙淙的小溪旁，沒有向我解釋什麼便熄火下車，蹲在溪邊悉心洗漱，然後在自己鋪好的毛毯上朝向聖地跪拜禱告。蘇聯解體之後，在社會主義氛圍中潛沉許久的伊斯蘭教開始在中亞復甦，新建的清真寺在中亞如雨後春筍，許多東干人依舊對自己的虔誠引以為傲。

重新回到胎痕織成的「公路」上，我們沿著湖畔又往前推進幾公里之後，才總算停在幾個氈房前面。我跟著老爺從車上卸下那些西瓜飲料，一個吉爾吉斯婦女從氈房出來招呼我們，幾個小孩則在太陽底下搓著乳酪球。老爺流利地以吉爾吉斯語和她們閒話家常。

頌湖是肥沃的夏季草場，每年五、六月牧民從科奇柯爾將牛羊趕過來、搭起氈房，有些也順便賺起觀光財，直到十月底才又遷回山下的城市。老爺帶我去看了他託養在這裡的馬，一共有四匹，卻又說他從來不騎。問他為何有馬不騎，他笑說：「我有車啊。」傳言東干人是善於養馬馭馬的民族，不少東干人剛剛來到中亞也以管馬為業；今日的老爺就算有車，依舊要不時來看看自己的馬才能安心。

這些草場上的牧民大部分是吉爾吉斯人，而非東干人。我問老爺他的東干親戚住在哪，老爺回說他有親戚在吉爾吉斯的首都附近，甚至也有些住在一水之隔的哈薩克，但來往得少。隨著中亞國家開始鞏固國界、對來往鄰國的旅客實施簽證政策，原本在沙俄、蘇聯時期能自由來往不同國家拜訪親友的東干人，也開始發現出國變得愈來愈麻煩。在蘇聯時期被看作內部同質性很高的東干人，在國界的區隔下也逐漸走上不同的道路。

今日烏茲別克境內的東干人，有許多因為通婚而完全融入當地社群，因而在中國政府資助的文化交流計畫中遭受冷落。此外，烏茲別克國內的政治環境相對緊縮、人民難以影響政府決策，身為少數族裔的東干人在政治領域中也更加弱勢無力。

至於吉爾吉斯境內的東干族人口，大部分都是甘肅籍，人口數也是所有中亞國家之中最多的，曾在蘇聯時期發展成為東干人知識分子的中心，連帶地使甘肅口音成為東干語的標準形式。然而吉爾吉斯獨立後國族主義高漲，東干人即使擁有自己的政治團體和媒體，卻依舊要面對在經濟和政治上被雙重邊緣化的困境。

和吉爾吉斯的東干人相比，哈薩克的東干人主要由陝西籍回民後裔組成，在文化上曾經居於下風，在學校裡也必須學習甘肅口音。然而蘇聯解體、中亞各國獨立之後風水輪流轉，由於哈薩克天然資源豐沛、經濟狀況較好，因此居住在哈薩克的東干人比起烏茲別克和吉爾吉斯的東干人都富裕許多。更重要的是，東干人的代表在哈薩克政治領域中較為活躍，和中國政府的互動也更為熱絡。

這些互動，包含了由中國政府在東干聚落舉辦的文化交流活動，也包含安排東干人到陝西甘肅「尋根」、獎勵東干子弟到中國求學等政策，目的是培養東干人的「祖國」意識。有些活動舞臺的背景，還很詳盡地用俄文、吉爾吉斯文、東干文以及漢字分別寫著「我的祖國」，卻只是更加凸顯東干人多層次的文化認同，以及「祖國」概念的弔詭而已。

—絲路終究是路—

絲路終究是路，一如人類歷史終究是由數不盡的遷徙流動寫成。中亞從來就是各種族裔交會的腹地，波斯人在此寫詩、蒙古人的馬蹄達達，更不用說蘇聯帶來了多少日耳曼人和朝鮮人，在這裡看著陌生的雪景咬牙求生。這些人的後裔形形色色，在回望過去維繫認同的同時，也在新的土壤上向下扎根，要他們指認祖國談何容易？而流散與歸返，又究竟意味著什麼？或許正如東干人稱呼自己為「回族」一樣，「回」字仍在，但字意早已佚失。

RECEIPT

RECEIVED FROM

MARTIN CHLADEK

THE SUM OF

REAL HONEY

&

CS. HITCHHIKER SPIRIT

ON ACCOUNT OF

A COUCH IN TAIPEI

AFTER YOUR HITCHHIKING TRIP IN

TAIWAN !

YIAN

05.06.15

為了感謝便車司機和沙發主，我們會用複寫紙自製「一式兩份」的收據，請對方簽名，
正本給對方、副本留給自己，除了留下彼此的聯絡方式，也是一種留念。

Chapter 15
羅馬尼亞 România

搭便車的民族：羅馬尼亞人與我們

羅馬尼亞人是搭便車的民族。

像某種過了適當年紀、卻仍然被保留著的身體記憶，搭便車是羅馬尼亞人承襲自共產時代的習慣。從前交通工具匱乏，等不到（或沒資格獲得）汽車配給的羅馬尼亞人只好在路邊攬車共乘。

在貨幣不流行的共產時代，搭便車究竟是不是免費的我不知道，但今日擁抱市場經濟的羅馬尼亞人有便車公定價，一百公里要價四十臺幣。雖然他們漸漸習慣了市場那雙看不見的手，卻還不太熟悉我們高高舉起的大拇指——那是外國人才有的手勢或暗號。羅馬尼亞人攔便車時會將手心向下擺動，像在拍一顆看不見的籃球，和我們在臺灣攔計程車的手勢類似；對於羅馬尼亞人而言，所有在路上能夠前進的東西，大概都是潛在的公共交通工具。

或者你也可以這樣想像：羅馬尼亞人搭便車就像臺灣人出門就跨上摩托車一樣，其實是種尋常的交通方式。每個城市往郊外的路口總有一些眾人皆知的攔車熱點，彷彿那裡有個只有當地人看得到的「隱形站牌」，有時是個加油站的出口，有時則是T霸廣告招牌的下方。我們如果站錯地方，好心人還會請我們上車，載我們到那些「正確」的路口繼續等便車。

因為搭便車的人多，所以也有一些約定俗成的便車倫理必須遵守，例如比較晚來的人，必須依照順序站在先到者的「下游處」。但有時候，我們的外國人身分在激烈的競爭中反而會幫助我們脫穎而出，好多次卡車都略過站在「上游」的大嬸們，直接在我們面前停車，只是因為對外國人（或東方人）感到好奇。此外，司機知道我們是年輕的外國背包客，往往也不會和我們索要車資。

搭便車既然是羅馬尼亞文化的重要組成部分，那麼如果真有人編纂「羅馬尼亞便車史」這種書的話，似乎也不會太令人意外。而這部便車史中最荒謬、最戲劇性而帶點諷刺寓言意味的一頁，恐怕會是一九八九年羅馬尼亞共產政權垮臺時，被逐離權位的獨裁者齊奧塞斯庫（Ceaușescu）竟也是靠搭便車進行他的逃亡之旅。

齊奧塞斯庫出身自一個農村家庭，來到城市後就積極投身於左翼運動。羅馬尼亞落入蘇聯掌控之後，齊奧塞斯庫也正式進入政治體制，一步步攀上權力位階的頂峰，最後獨攬黨內與政府的大權，成為羅馬尼亞史上最有名的獨裁者。

跟其他許多共產國家元首比起來，齊奧塞斯庫可能是跟西方陣營關係最好的其中一個，曾在許多國際風波中變換立場，挑戰蘇聯老大哥的指揮。一九六八年，齊奧塞斯庫公開譴責蘇聯入侵捷克斯洛伐克、鎮壓布拉格之春，西方國家見狀，以為齊奧塞斯庫是共產陣營裡一個鬆動的棋子，紛紛主動出面提供貸款，幫助羅馬尼亞發展經濟，卻也讓羅馬尼亞欠下了一屁股的外債。齊奧塞斯庫面對外債並沒有翻臉不認帳，而是決定對國內實施嚴厲的配給限縮，好將大部分的生產成果出口償還外債。這個在國際上負責任的政策，卻讓八〇年代羅馬尼亞人的生活水準遽然下滑，限電也成為家常便飯，連在嚴寒的冬日裡都不見得有暖氣供應。

羅馬尼亞最後在一九八九年成功清償外債，但長年勒緊褲帶的生活也早已讓齊奧塞斯庫失去民心。當年年底，羅馬尼亞人積累許久的不滿遇上東歐共產政權一個個垮臺的國際連鎖效應，在許多城市發動了示威活動。

這些運動被鎮壓後，他的幕僚為了營造齊奧塞斯庫依舊牢握權柄的假象，便花了不少心力動員工人，將他們集結在首都的皇宮廣場上聆聽齊奧塞斯庫演說，並透過電視轉播對全國放送。出乎意料的是，已經思變的群眾開始在廣場上鼓譟，並對演說報以噓聲。突然間，廣場上出現槍聲，變調的政治演說旋即陷入一片混亂，而這些畫面，都被即時播送到全國每一個瞠目結舌的電視觀眾眼前。

羅馬尼亞人知道，共產東歐潰倒的骨牌，終於撞向羅馬尼亞了。

首都陷入動亂之後武裝暴力隨處可見，但信心滿滿的齊奧塞斯庫，卻以為局勢仍在他的掌控之中，錯失了趁夜逃離的時機。隔天一早他試圖在廣場上再次發表演說，才終於發現大勢已去，只好連忙在隨扈的幫忙下逃往露臺，趕在衝進大樓裡的群眾逮住他前搭上直升機。

駕駛直升機的軍官起初還試圖替驚嚇過度的齊奧塞斯庫討救兵，卻只得到上級指揮官的冷漠回應，要他們自求多福。軍官知道，再和齊奧塞斯庫繼續站在同一陣線只會對他不利，於是開始搖擺機身、假裝閃躲砲彈，經歷過半世紀政爭亂流的獨裁者此時也無力招架，嚇得要求迫降。

齊奧塞斯庫在人煙稀少的郊外回到地面，開始站在路邊攔起便車。最初讓他上車的有醫生、有林務局的小官員，卻都一一謊稱引擎出了問題，將這位已經不足為懼的獨裁者請下車。齊奧塞斯庫最後被一位便車駕駛說服（或誘騙）躲進某個學校的辦公室裡，但才剛進門便被校方反鎖在屋內。無計可施的齊奧塞斯庫不久後被捕，並在草草審判之後遭到處決，成為東歐一連串革命之中唯一一個喪命的共產政權元首。

不是所有人都像喬治一樣幸運

羅馬尼亞教會我們，關於搭便車，你可以有無數種動機：通勤、旅行、探親，甚至求生。那是庶民因應交通工具匱乏的發明，他們不得不這麼做；那也可以是獨裁者在被推翻後的困獸之鬥，他終身鼓吹無產階級專政，最後卻得將自己的命運讓渡給公路上的「有車階級」決定，非常諷刺。

共產政權垮臺二十多年之後，搭便車依舊是羅馬尼亞無車階級日常移動的重要途徑，但公路上的有車階級也愈來愈多——在布拉索夫（Brasov）讓我們借宿的新婚夫妻喬治和盧安娜，就是其中之一。

我們從羅馬尼亞西北部的大城克盧日納波卡（Cluj-Napoca）出發，沒有遇上可以帶我們直達布拉索夫的駕駛，歷經幾趟破碎的短途便車後才終於搭上一輛會經過布拉索夫的聯結車。那輛聯結車老態龍鍾，一路上像在打瞌睡那樣慢吞吞地前進。我們一邊看著暗下來的天色，一邊焦急喬治和盧安娜要久等我們。

晚間八點多我們終於抵達市區，又花了一些時間在暗巷裡迷路，好不容易才找到喬治家的門牌號碼。一見到我們，喬治和盧安娜便鉅細靡遺地為我們介紹家中的一切，好像我們是要來看房子的租客。好客的他們甚至挨餓等我們抵達，才一起坐上餐桌享用他們兩個多小時之前就已經做好的晚餐。看到他們如此體貼，我們感到既感動又歉疚。

年近不惑的喬治在歐洲的電信巨擘沃達豐（Vodafone）擔任團隊經理，女兒才剛出生沒多久，和盧安娜還在適應新手爸媽的生活。他的薪資優渥，不只供養得起一輛汽車，還夠他們買下一座附庭院的獨棟住宅。作為有車階級的喬治不只有汽車，還有一輛川崎重型機車。對他而言買車不只是為了移動，還是為了實現年輕時的夢想。

「羅馬尼亞加入歐盟後，我們的世界一下變得很寬闊。有些人找不到工作，都跑去西歐了。現在去歐洲不用簽證，我們摩托車旅行的版圖，也一下擴張了好多倍！」他打開臉書，給我們看他們夫妻倆在重機上遊歷歐洲各地的照片，有些還是在德國拍的。

在布拉索夫短短三天，我們每天最期待的就是傍晚回家和盧安娜學羅馬尼亞的家常料理，然後一邊吃飯一邊和他們的小女兒玩。盧安娜說，道地的羅馬尼亞料理其實就是農民的食物，分量要大、熱量要夠，而羅馬尼亞人的日常主食「馬馬力加」（Mămăligă），大概就是箇中代表。

羅馬尼亞的確是一個以農民為本的國家。羅馬尼亞人在漫長的建國過程中，一直都在對抗來自土耳其與匈牙利的貴族，這些外來統治者的控制時鬆時緊，大多住在城鎮之中。相較之下，羅馬尼亞的主要人口則多半是鄉間的農民，導致農民文化成為羅馬尼亞建構國族認同時經常引用的來源，以此和外來統治者進行區隔。到了共產時期，以農工為主體的意識形態則又讓農民文化的地位更加昇華。時至今日，遊客在羅馬尼亞各地都能找到精彩的農民博物館，而農民料理也成了觀光噱頭之一。

作為農民料理代表的馬馬力加，是一種用玉米粉做成的淡黃色稠狀物體，口感有點像臺灣的小米粥，只是水分收得更乾。雖然馬馬力加的口感有點像嬰兒食品、也沒什麼味道，但配上我們自己做的臺式滷肉卻意外地搭，而且吃了很有飽足感。因為馬馬力加的做法實在很簡單（盧安娜說「不簡單就不是農民料理了」），只要和水一起加熱攪拌就好，所以我們後來在羅馬尼亞只要找得到超市和廚房，就一定會自己做馬馬力加來吃，並多煮一些做成便當，帶在便車旅途上吃。

雖然結了婚，但喬治還是需要可以讓自己獨處的世界，於是在房子的地窖弄了一個用來保養摩托車的小工坊。每晚飯後盧安娜忙著照顧女兒入睡時，喬治便會邀請我們到他的小工坊聊天，順便試試他自己釀的葡萄酒。

我們好奇問起共產時代的生活，但喬治對於羅馬尼亞的前世並沒有太多記憶。齊奧塞斯庫垮臺的劇變發生時，他還是個懵懂的學童。對他來說，羅馬尼亞命運真正迎來改變，是在二〇〇七年羅馬尼亞加入歐盟的時候。

「我以前從來沒想過有天我可以領到現在的薪水。你知道嗎？我現在的薪水，至少是十年前的十倍！」十年前才剛成為新科「歐盟公民」的喬治，既驕傲又感恩。

但喬治也知道不是所有羅馬尼亞人都像他一樣幸運。冷戰結束、鐵幕拉起之後，羅馬尼亞人買車再也不需要拉關係、等配額，但社會上的貧富差距卻日益擴大，許多跟不上成長腳步的羅馬尼亞人落了隊，生活水準並沒有比共產時代好多少。馬車在羅馬尼亞鄉間的公路上依然是常見的交通工具，就連在首都布加勒斯特（Bucharest）都有不少無力負擔房租的人們，要在下水道找尋棲身之地。如果以世界銀行對中高收入國家的標準來看，羅馬尼亞至今仍有四分之一人口的收入落在每天五．五美元的貧窮線之下。

賣給法國的達契亞汽車

喬治特地帶我們去看他前幾年換工作時買入的達契亞（Dacia）汽車，然後站在車頭指著達契亞的商標說：「你們看過這個牌子的車子嗎？它曾經是羅馬尼亞的國產品牌——曾經。」達契亞的商標很像一張咧嘴大笑的臉，但沒有眼睛和鼻子。

總部和產線設在羅馬尼亞的達契亞汽車是羅馬尼亞工業的標誌，至今都還是羅馬尼亞最大的企業之一。但喬治不知道能不能把達契亞汽車看作羅馬尼亞的驕傲，因為早在一九九九年達契亞就已經被法國的雷諾（Renault）汽車併購。

達契亞會被法國人買走其實也不令人意外。羅馬尼亞發展汽車工業的初期，正好也是齊奧塞斯庫轉向西方陣營靠攏、開始獲得西方援助的時候。達契亞汽車當時獲得法國雷諾的技術援助，生產出來的型號也幾乎都是雷諾汽車的翻版。共產政權瓦解後，達契亞汽車也在私有化的浪潮中招攬國際買家，而雷諾汽車因為長期技術援助、占據先天優勢，順理成章地成為達契亞的買主。

命運像達契亞這樣的羅馬尼亞企業多不勝數，其中還包括被奧地利買走的國營石油公司，以及被希臘買走的國營電信公司。這些併購案除了反映出後冷戰時代羅馬尼亞為了融入歐盟所做的努力和妥協，也顯示這裡的勞動力和地理位置如何為西歐國家創造了方便的生產基地和市場腹地。

被買走的不只是品牌，還有人。自從加入歐盟之後，羅馬尼亞人雖然可以更容易地在其他歐盟國家合法工作，卻也讓羅馬尼亞成為歐盟境內人口流失最嚴重的國家。從二〇〇〇年到二〇一五年，羅馬尼亞每年平均淨流出百分之七．三的人口，在世界排名之中竟然僅次於敘利亞。

「達契亞」這個名字其實也有玄機。喬治和我們解釋，達契亞其實是羅馬帝國時期羅馬尼亞這片地區的地名。當年羅馬帝國的皇帝圖拉真（Trajan）四處出兵，歷經兩次征戰後將多瑙河流域下游的達契亞地區納為行省。如果你去羅馬觀光，還能在市區找到兩千年前為了慶祝征服凱旋的圖拉真廣場，而廣場上圖拉真圓柱的精美浮雕描繪的正是達契亞戰役的場景。

成為羅馬帝國領土之後的達契亞依舊不斷有斯拉夫人湧入。直到周遭的地區都已經逐漸「斯拉夫化」了，居住在這裡的人們卻依舊相信自己是「羅馬人」，後來甚至乾脆將「羅馬」引為國名。

羅馬尼亞人和周遭格格不入、獨樹一格的認同，也銘刻在羅馬尼亞人的語言中。

在歐洲語言分布的地圖上，羅馬尼亞是一塊羅曼語族的飛地，和義大利語、法語這些拉丁語的後裔屬於同一種色塊，在以斯拉夫語為主流的東歐顯得十分突出。十九世紀中，羅馬尼亞的統治者為了將羅馬尼亞和周遭的斯拉夫文化區隔開來，甚至還刻意清除羅馬尼亞語中源於斯拉夫語的字彙。

「不覺得有趣嗎？以前是羅馬人來征服達契亞地區，現在則換成法國人來併購達契亞汽車。」

後來我在網路上看到一張照片，照片裡的主角是那位為齊奧塞斯庫提供最後一段便車路程，因而莫名其妙成為革命英雄的駕駛，而他身後就是所有羅馬尼亞人都很熟悉的達契亞汽車。當年的達契亞標誌還不是現在的那張笑臉，而是一面嚴肅的盾牌。後來羅馬尼亞的共產體制跟著齊奧塞斯庫一起被一槍斃命，而達契亞也成了一家「法國公司」，這些後續發展如果齊奧塞斯庫在地下有知不知會作何感想。

「我以身為羅馬尼亞人為傲，但羅馬尼亞現在卻變得愈來愈像歐盟裡的一個邊陲省分。我知道很矛盾，因為我自己也是多虧了歐盟，才能擁有今天的生活。」喬治說。

再過幾年，也許一切會變，也許不會

隔天一早，我們去了喬治和盧安娜都很推薦的農民市場，據說那裡從共產時代就開始供應新鮮的農產品。不管從哪個入口進去，我們都覺得像要走進一個園遊會，有老奶奶佝僂提著菜籃，也有吉普賽人穿梭兜售野花，氣氛輕鬆熱絡又可愛。這裡有尺寸不齊、不像超市裡那樣標準化的水果，也有牧場直送、非常便宜的新鮮牛奶。那些牛奶得自備容器來買，味道太過真實，有股超市瓶裝牛奶沒有的腥臭，我們買來喝了幾口之後腸胃便開始翻攪，只能消遣自己像在直接對著牛的奶頭喝奶。

就算西方品牌紛紛前來設廠，使得羅馬尼亞已經成為許多歐洲民生必需品的來源地，但對喬治和盧安娜來說，只有那些在傳統市場裡買到的東西才是真正的羅馬尼亞產品。那些讓閒晃、比價、試吃、交易得以發生，讓店主和客人得以成為熟識，讓我們這些觀光客得以嘖嘖稱奇的傳統市場，比起標準化的超市更能提醒我們，「市場」本就是在日常尺度中的真實地方、是生活所繫的場所，而不只是在報章雜誌上那個鋪天蓋地、羅馬尼亞一拋開共產制度就急著要加入的「歐洲共同體市場」。

離開布拉索夫的前一天正好是臺灣的母親節，為了報答喬治和盧安娜幾天以來的收留與照顧，也為了慶祝盧安娜當媽媽之後的第一個母親節，我們提議要做臺式滷肉讓他們嚐嚐。然而附近的傳統市場沒有賣醬油，我們只能走遠一點去超市裡找。後來我們果然在家樂福裡買到了醬油，而且居然還是臺灣製造的。

除了要開封用來煮菜用的醬油之外，我們還額外多買了一瓶當作小禮物送給喬治和盧安娜。回到家後，我們將醬油上的標籤撕去，再貼上我們自製的標籤，上頭手繪著我們和他們一家人的頭像。雖然對於很多羅馬尼亞人而言，加入歐盟之後的處境只能用「人出去，貨進來」的慘況來形容而已，但也是多虧有家樂福，我們才能在離家近半年之後還找得到來自臺灣的特產作為贈禮。

吃完少了八角提味的滷肉飯之後，盧安娜跑進房間裡找出了兩個小東西，說要送給我們。

「這是馬蒂索爾（Mărțișor），送給你們，一人一個。」盧安娜遞給我一個繫著紅白線的小金人，外型像一個迷你的

我們送給盧安娜的母親節禮物。

胸章或掛飾。「馬蒂索爾這個字源於『三月』，每年三月一日我們會互贈馬蒂索爾，慶祝春天到來，算是很道地的羅馬尼亞傳統。」據說紅色棉線代表冬天，白色則代表春天，紅白兩股交纏在一起象徵三月冬春之交、乍暖還寒的天氣，收到馬蒂索爾的人必須將它佩掛在胸前一個月，直到三月最後一天，再把馬蒂索爾掛到新花盛開的樹上。

她接著又說，由於羅馬尼亞曾經屬於共產陣營，他們的母親節其實本來落在三月八號，是和國際婦女節一起慶祝的。或許是為了淡化羅馬尼亞的共產身世、融入主流社會，政府幾年前才立法將母親節明定在五月的第一個禮拜天，但一般人仍習慣在三月初慶祝馬蒂索爾和母親節。

「你們送我母親節禮物，我沒什麼好回送的，所以就想到了這個。」

隔天一早我們收好背包，又要再把自己丟回公路上。盧安娜像所有照顧孩子的媽媽一樣，怕我們在路途上挨餓，所以特地為我們打包了些麵包乾糧，並要我們繞去市場買些起司，配她給的麵包剛好。

「你們一定會喜歡那些起司的，那是農民用幾百年來演變至今的傳統製成的。再過幾年，或許市場就不在了，或許你就得去跟法國人買工廠做出來的起司了。」

尾聲 Outro

搭便車的歷史

搭便車的歷史，
或許和輪子的發明一樣久遠。
——《便車百科》（*Hitchwiki*）

我們可能都曾有在無意間「搭上便車」的經驗：有時，開車的朋友在聚餐後順路載你一程；有時，登山途中認識的陌生人有車，提議從登山口順道送你下山。然而這些不期然的便車，和本書談到的便車旅行方式當然非常不同。

不過就算你沒搭過便車，可能也依稀知道「在路邊舉起大拇指」是什麼意思。便車旅行作為一種次文化，大拇指無疑是這個次文化中最廣為人知的符號。然而如果你在中東、東歐搭便車，很快便會發現當地人搭便車的手勢其實並非伸出大拇指。其實，被連結上大拇指意象的搭便車文化是道道地地的美國文化，後來是在美國文化霸權和電影文學的推波助瀾之下才擴散到其他地方。

根據紀錄，美國人早在一九二〇年代就已經開始伸出大拇指攔便車。這其實並不令人意外。美國是汽車工業的始祖，當代美國人的日常生活也一直都與汽車緊密關聯，舉凡得來速、汽車電影院，都是美國人的發明。被稱作「汽車國」的美國，當之無愧。

搭便車次文化與美國文化的高度關聯，還可以從許多語言對「搭便車」的稱呼看出。在智利和阿根廷，搭便車被稱作「dedo」，原意為「手指」，顯然是擷取了美國搭便車文化的拇指意象；而在墨西哥，搭便車有時又被稱作「pedir un raite」或「ir de ray」，其中的「raite」和「ray」都源自英文的「ride」。此外，雖然多數歐陸國家對於搭便車的稱呼都是由法文的「autostop」發展出來的變體，但挪威文卻將搭便車稱為「haiking」，而「haiking」在挪威文裡原本並無特別含義，因此與英文的「hitchhiking」應該也脫不了關係。

沒錢沒車，只好搭便車

雖然搭便車現在有被視為「另類旅行」或「壯遊」的方式，但其實直到一九六〇年代以前，搭便車在美國都是無車階級用來長距離移動，或者逃離底層生活的常見手段，也是一種因應交通工具匱乏、公共交通不足的自我救濟。有些爬梳便車歷史的論述，會舉史坦貝克的名著《憤怒的葡萄》（*The Grapes of Wrath*）為例。

《憤怒的葡萄》的時代背景是一九三〇年代經濟大蕭條和自然災害，故事中的農民便是靠著便車前往加州尋找謀生機會；當時的他們，恐怕不

會覺得搭便車有多少樂趣。不得已搭便車的人除了窮人和農民之外，還有軍人和男學生。到了二戰和韓戰期間，讓軍人搭便車甚至還被視為一種為戰場盡心力的愛國表現。總之，在當時搭便車還經常被連結上「培養耐心」與「慷慨大方」等概念，形象非常正面。

有趣的是，網路上今日還流傳一篇寫於一九三一年的文章，名為〈搭便車的技藝〉（The Art of Hitch-hiking）。從這篇文章裡的資訊來看，早期美國搭便車的方式、必須注意的事情，幾乎和現在沒有太大差別。

搭便車作為自力救濟的方式雖然現在在美國已經少見，但在東歐、中東和古巴這些地方，卻仍是很多人日常移動的方式。說到底，搭便車這件事終究源於匱乏，和今日有人認為搭便車可以解決汽車太多、資源浪費的想法，動機邏輯完全是相反過來的。作為「共產國家最後堡壘」的古巴，甚至到現在都仍明文規定公家機關的車輛有義務為等便車的人停車，但在路邊等上大半天卻仍是家常便飯——不要說搭便車，有時候我在古巴公路上連一輛車都看不到。

「逆權便車」？用大拇指歌頌自由

除了出於經濟因素的搭便車之外，另一種承載更複雜動機的搭便車行為也開始日漸茁壯。在汽車逐漸普及、美國經濟快速成長的背景之下，搭便車逐漸發展成美國年輕人的壯遊方式，被想像成對既存秩序表達不滿、從中逃離的途徑，甚至成為政治活躍的青年們串連移動、集結至華府抗議的交通方式。

搭便車由此逐漸染上叛逆自由的文化意義，反映出一九五〇年代「垮掉的一代」（Beat Generation）對現代性秩序的厭倦與質疑，以及一九六〇年代嬉皮士（hippie）的理想主義浪潮和反戰訴求。在這個脈絡中，搭便車作為一種帶有反抗主流邏輯的文化符號，也開始在文學、電影文本的散布之下被浪漫化，並逐漸成為搭便車次文化群體的認同標誌原型。

這個時期對便車文化進行描寫的文學作品，最具代表性的莫過於傑克・凱魯亞克（Jack Kerouac）的《在路上》（*On the Road*）。在這篇小說之中，凱魯亞克以自己的經歷為基礎，細膩地描繪這群被視為代表「垮掉的一代」形象的人物：他們散漫、不追求明確目的、不受世俗價值拘束，而且愛好冒險。在這個時期，搭便車的文化意義帶有自由樂觀的色彩，和《憤怒的葡萄》之中角色們無助的面容形成了強烈對比。

然而冷戰時期的美國政府，其實並不樂見年輕人的搭便車文化連結上冒險、自由、公民權利等概念，對於便車次文化強化社群感的潛能也有所顧慮，尤其搭便車還讓這些叛逆青年的行蹤動向變得更難掌握捉摸。或許是因為這些原因，從一九六〇年代末開始美國聯邦調查局（Federal Bureau of Investigation, FBI）便與保險公司聯手進行了一系列的宣傳，將搭便車與犯罪事件連結在一起，某些州甚至明文立法禁止搭便車。這些制度內外、有意或無心的裡應外合，加上新聞媒體不斷渲染和搭便車有關的殺人事件，使得美國境內的搭便車風氣開始出現了衰退的現象。

有些研究群眾運動與社會變革的學者認為，殺人事件和媒體的推波助瀾只是搭便車文化衰退的表面原因；真正導致搭便車遭汙名化的關鍵，其實是一九五〇年代以後自用小汽車在美國的日漸普及，使得無車的人開始和無家可歸的人一樣，被視為可疑的、不正常的「異類」或「危險分子」。這個觀點，似乎也從另一個方向解釋了為何在那些經濟發展程度和汽車普及率都比較低的國家，出於日常通勤動機的搭便車會比較容易被接受，因為在那些地方，沒有車一點都沒什麼好奇怪的。

然而不論是搭便車的不確定性，或者是出於其他因素而被附加的高風險形象，都反而讓叛逆的年輕人更加躍躍欲試。因此儘管在美國搭便車已經愈來愈困難，但搭便車作為一種對抗主流敘事、追尋自我途徑的形象，不但沒有因為如此而減損，反而還更加鞏固。換句話說，搭便車遭到汙名化的現象，反而也加強了搭便車的浪漫形象，導致今日關於搭便車的浪漫論述，在很大程度上仍是承襲自一九六〇年代的遺產。

於一九九〇年代後半竄紅的美國流行樂團年輕歲月（Green Day），曾經發表過〈搭趟便車〉（Hitchin' A Ride）這首歌曲，歌詞直白淺顯，又有點沒頭沒腦。那首歌的開頭是這樣的：

嘿先生，你要往哪裡去？
你在趕時間嗎？
我需要一趟便車，參加快樂時光。
他說，喔不。
你會為烈酒停車嗎？
我也需要休息一下。

我們似乎能在此看到「垮掉的一代」的影子：酒精、派對與年輕人，有點老掉牙地並置在一起，在結合搭便車的橋段之後化合成一幅享樂主義的圖像。

然而有些作品關於搭便車的描述卻沒有這麼無憂無慮。改編自真實故事、票房亮眼的電影《阿拉斯加之死》（*Into the Wild*），描述一個剛從名校畢業、有著大好職涯前程的年輕男子的故事。他對既有的體制和俗世感到懷疑，因此決定拋下一切，踏上「追尋自我」的旅程。汽車拋錨之後，男主角開始在路邊伸出拇指，用搭便車的方式前往人生旅程的終點。搭便車在這部電影中不但成為「追尋人生意義的取徑」，同時也牽連上對世俗價值和資本邏輯的質疑與批判，似乎又是來自一九六〇年代的回聲。

除了這些帶著個人主義調性的論述之外，搭便車也偶爾會嫁接上積極的政治訴求。英國著名的搖滾樂團「平克佛洛伊德」（Pink Floyd）於一九九五年解散後，主唱羅傑・沃特斯（Roger Waters）在樂壇上仍然活躍，並於二〇〇四年發表了〈離開貝魯特〉（Leaving Beirut）這首歌。

每次演唱這首歌之前，沃特斯必會提及他寫下這首歌的緣由。他在十七歲時曾和朋友開車從英國出發，橫越歐陸進行一場公路旅行。抵達黎巴嫩後，沃特斯因故失去了汽車，必須獨自搭便車回英國。離開黎巴嫩首都貝魯特的第一晚，他便遇上了好心的計程車[3]司機載他一程，而同車的乘客甚至還主動邀請他回家用餐、過夜休息。他用詩一般的歌詞描述讓他留宿的一家人，他們儘管生活拮据，卻仍將僅剩的食物與他分享，甚至把唯一的一張床讓給他睡。在演唱會上，這首歌往往還會搭配漫畫影像作為舞臺背景，煽情地描繪瘸腿的丈夫、佝僂的妻子，就連襁褓中的孩子也都只剩一隻眼睛，無法讓人不聯想到二十世紀以來在中東延燒未歇的戰火。

沃特斯創作這首歌時正值二〇〇三年美國出兵攻打伊拉克。藉由這首歌，沃特斯將矛頭直指時任美國總統的小布希，以帶著近乎羞辱意味的歌詞指責他的出兵政策：

這些是我們應該轟炸的人民嗎？
你怎麼能確定他們想要傷害我們？
做這些是為了逞一時之快，還是為了懲罰犯罪？
這真的是我們想要征服的那座山嗎？
這條路很困難，而且很長
擱下那臺車，他不會拒你於車門之外的
噢～喬治呀，喬治[4]，你小時候一定被德州的教育給搞壞（fucked up）了在此，搭便車是沃特斯得以親身體驗當地人生活場景的契機，而這些「真實體驗」，也為他的指責控訴提供了充足的底氣。搭便車於是成為故事的引子，以沃特斯的經歷作依託，讓伊拉克反恐戰爭中被抹除消音的面孔顯影，也遙遙呼應了搭便車於一九六〇年代與反戰運動的淵源，強化他想透過歌曲傳達的訴求，由此反對英美出兵伊拉克的軍事行動。

─在世界的各角落豎起大拇指─

雖然上面討論的是搭便車如何在電影、流行音樂、文學作品之中再現，如何被賦予文化意義，但這不意味搭便車在今日便像標本一般，只能在流行文化之中找到容身

3 沃特斯在歌詞中，用的是源於土耳其語的「dolmuş」這個字，原本指的是土耳其常見的自營小巴或者共乘計程車，通常擁有固定路線，本來就算是搭便車的一種變體。然而雖然貝魯特的確也有共乘計程車，但實際上當地人是以法語發音的「service」來指稱這種交通工具，而不是「dolmuş」。

4 喬治（George）是小布希的名字。

之處。相反地，在歷經了一九七〇年代的低潮之後，搭便車文化似乎正在迎來一波「復興」的浪潮。

首先，由於郊區化與自用汽車的普及，美國許多都會區都有通勤尖峰交通堵塞的問題。為此，有些城市因此實施高乘載管制，或者在高速公路上設置特殊車道專供乘客數大於特定人數的車輛行駛，甚至調整費率，車內乘客愈多，通行費也愈便宜，藉此鼓勵通勤族「共乘」。有了這些誘因，車主也更願意在上高速公路之前讓沒車（或不想開車）的通勤族搭便車。於是曾被美國政府視作潛在威脅來源的搭便車行為，突然搖身一變成為化解都會交通問題的解方，和當代的環保意識匯流。

這個趨勢並非美國的專利。荷蘭政府也會在某些路段設置「Liftplaats」（字面上的意思是「搭便車的地方」）告示牌，標注適合搭便車的位置，鼓勵民眾以搭便車作為交通方式。原本或多或少與國家體制站在對立面的搭便車文化，被制度納編之後不只獲得了正當性，甚至可能成為國家的治理工具。

其次，原本零散的搭便車次文化群體，也因為網際網路而有了可以共聚的虛擬平臺，並讓搭便車文化得以傳播至海外，在背包客文化逐漸從歐美擴散至其他地區的同時，也培育了一群新的便車愛好者。

然而搭便車的概念也逐漸被挪用成一種修辭，以組織化的共乘形式另闢出路，證明了共乘媒合服務的確有不小市場。在這個浪潮之中，歐洲的BlaBlaCar、美國的Rideshare.org、巴西的Tripda，都是提供共乘媒合服務的網路平臺，由車主決定路程的起點和終點，並在平臺上公布共乘價格，目的在於善用車上多出的空位、分攤油資。雖然不是免費的，但這些共乘媒合平臺仍以解決社會問題為初衷，多少還算符合搭便車的精神。

後來也有人嘗試在臺灣推廣共乘概念，成立了類似的平臺，但營運至今知名度依舊有限，使用者也難成規模，仍在摸索適合的商業模式。當然，我們可以為共乘在臺灣遇上的窒礙找到各種開脫，比如汽機車持有率不低，公共交通又算不上昂貴，但有時我想，或許只是多數臺灣人太難想像把陌生人邀入車廂，下車送別時還要一邊拿捏人情熱度、一邊銀貨兩訖，實在太累。

至於近年快速崛起、毀譽參半的Uber呢？眾所皆知，Uber雖然打著「共享經濟」的名號，實際上卻由乘客決定起點和目的地，又有將雇主責任外部化的問題，充其量更像提供線上媒合平臺的計程車服務，在移動方式的光譜上，恐怕離「搭便車」更為遙遠。

總而言之，我們今日熟悉的搭便車次文化，和美國當代的歷史發展關係非常緊密，其演變至今，大致歷經過幾個不同的時期。

首先，在汽車工業發展和大蕭條時期，搭便車是民間回應公共服務匱乏的自力救濟。到了第二次世界大戰之後，搭便車一方面開始牽連上反戰的政治訴求，因而帶有政治動能，另一方面又成為「垮掉的一代」和嬉皮士展現認同的途徑。

到了一九七〇年代，汽車在美國已經高度普及，而搭便車也在政府立法禁止、公私部門的宣傳，以及刑事案件和都市傳說的渲染之下被賦予高風險的形象，因此逐漸在美國式微。

但即便如此，搭便車仍然繼承了一九六〇年代的自由反抗精神，持續在流行音樂、電影和小說中出現，並在網際網路興起之後，找到了得以凝聚搭便車者的虛擬社群平臺而逐漸復興。除此之外，搭便車也遭到政府收編，成為解決都會區交通問題的治理工具，而網路新創公司也「搭了一趟『搭便車』的便車」，打著「共享經濟」的名號挪用搭便車的概念，持續為搭便車的歷史加入了更多元的敘事。

附錄 Appendix

搭便車技巧——寫給有冒險之心的每一個人

在各種電影、小說之中，搭便車總免不了被描寫為「等待未知」、「勇敢將自己讓渡給命運」的行為，因而帶點反理性的色彩，好像所有搭便車的人都是把一切拋在腦後，然後就帥氣地在路邊舉起大拇指似的。

但如果你真的就這樣沒頭沒腦地上路了，結局可能不會太令人滿意。二〇一六年九月，英國《衛報》刊登了一則新聞：一名法國背包客在紐西蘭搭便車時，因為整整四天沒有人願意為他停車而抓狂；大概是氣到失去理智了，他還破壞了村子裡的公物洩憤，最後遭到警方逮捕。報導裡，目擊者是這樣描述的：

他就是個媽寶九年級生（spoiled millennial），搞得大家雞飛狗跳。但他從頭到尾根本就站錯了位置——他站在一個別人很難看見的角落，而且那個地方根本沒有空間可以讓車子為他停靠。

這則報導在《衛報》的臉書專頁上引起不少迴響；誇張的情節吸引了超過一千條留言、一千五百多次分享。它除了揭示搭便車這件事本身的話題性，也間接透露了搭便車的人應該要堅強、成熟而穩重，絕不能是個「被寵壞的媽寶」，甚至還得做好情緒管理。我不太確定堅強穩重是不是搭便車必要條件（畢竟這些形容詞，從來都沒有出現在我這個人身上過），但這篇報導倒是提醒了我們，搭便車沒有想像中簡單。

說到底，搭便車的人不論如何自由不羈、無受拘束，首要目標仍是搭上便車，獲得一趟免費的旅途；為了達到這個目的，你必須判知處境、掌握工具，並且善用周遭設施。所以搭便車這個看似散漫又浪漫的行為，實際上充滿了理性計算和策略張羅，不能只靠運氣。

當然，每個搭便車的人都有一套自己的便車經。不過如果不希望像那位法國背包客苦主一樣落魄，上路前你或許可以練習一下判讀地圖，學習如何選擇等車位置；有網路的話，最好也查一下附近有沒有巴士或火車經過，為自己在搭不上便車時留條後路；同時，還要善用那些能夠讓你順利前進的各種資源，才不至於坐困愁城。

累積了上萬公里的便車里程之後，我整理了一些小訣竅，或許能幫助你順利起步。但這份清單並無意扼殺你摸索便車旅行的樂趣，所以你也大可不必把它奉為圭臬。不管在哪裡，最好的搭便車態度，都是臨機應變和享受意外。如果你可以在兩小時的枯等中發現樂趣，那麼這些小技巧其實也不過是技術性的注解，無關宏旨。

一、在哪裡等車呢？

我從第七大道搭上地鐵，在終點站二四二街下車，然後轉搭電車進入楊克斯市；在那裡，我換上了另一班出城的電車，直到該市邊界的哈德遜河東岸。

——《在路上》，傑克・凱魯亞克

幾乎所有搭便車者都心知肚明的一件事是：盡量不要在市區等便車。城市裡的道路系統不僅複雜交織，讓人難以判斷車流目的地，多數車輛更可能只是在進行日常移動、不會出城；至於那些會錯意、不斷為你停靠的計程車有多煩人，就更不用提了。因此如果你人正好在某個市區，卻又想要長途移動，通常別無他途，只能想辦法前往城郊。在鄉間的小鎮上，這通常不是什麼問題，最多走上半小時就能找到適合攔車的地點，但如果是在大城市裡，可能就得倚賴大眾運輸工具了。

偶爾你可能也會在公路上搭到「正要開往前方某個市區」的車輛，但如果那個地點不是你的目的地，這時最好請司機在進入市區之前就放你下車，否則又得耗費心力回到市郊，尋找下一個適合等便車的地點。

從市區不適合搭便車這個事實，我們也不難看出：能否成功搭上便車的首要關鍵，與等便車地點的區位息息相關。這些區位包含：經過該處的車流量、車速、路邊停靠空間、位置的可視性，以及車流目的明確性。

以下提供五個小技巧：

1. 車流量多的地方不一定成功率就高

有點弔詭的是，車流量與搭便車成功率的關係並不是一個簡單的線性函數。一般來說，在交通繁忙的主要幹道上，由於車輛行駛間距不大，一來駕駛很難有機會從遠處就看見等便車的人，因而也缺乏充足時間考慮是否停車，二來後方來車緊跟在後，駕駛也很難臨時起意切出車道。

此外，在車流充足的情況下，駕駛也可能容易有「總有其他人會停車，不用輪到我」的心態；反而在車流極為稀落的鄉間小路上，車主比較容易有「捨我其誰」的心態，更願意為舉拇指的人停車。

不過公路上交通繁忙也不盡然就是壞事。如果車流真的太過壅塞，導致移動速度緩慢，這時搭上便車的機率反而又會提高。因此除了車流量之外，車速也是決定搭便車成功率的重要變數之一。

2. 請在車速較低處等待

相較之下，車速與停車率的關係就顯得直觀且顯著許多。在車速過快的地方，駕駛要緊急煞車才能完全停車，搭便車者的身影很難一下就被看清，也無法提供充足資訊讓駕駛決定是否停車。因此能讓車速降低的交通號誌或設施，諸如十字路口、紅綠燈旁、圓環、路突、收費站等，都是優良的候車地點。

偶爾，你可能也需要搭便車過邊境，然而在對陌生人比較謹慎的社會裡，前往邊境的駕駛通常停車意願都不高，我們猜測，那或許是因為過境總要檢查證件護照，萬一載到的是個正要逃亡的通緝犯，或是身分不明的偷渡客，好心停車的車主不等於自找麻煩嗎？不過，就算沒辦法搭乘同一輛車過境，你也不用太擔心——剛過邊檢站正要起步的汽車，往往就是最好的攔車目標。

3. 請讓駕駛有停車的空間

車流量與車速對了，搭上便車的機率當然會大幅提升，但如果你站的位置沒有足夠空間供汽車停靠，那麼搭上便車的機會也是微乎其微（請不要考驗駕駛技術）。因此，請盡量挑選備有路肩的寬闊公路，或是乾脆就在公車站附近等車。

4. 站在顯眼的地方

除了讓駕駛有地方可以停車之外，你也要想辦法讓車主看到你。比如公路的轉彎

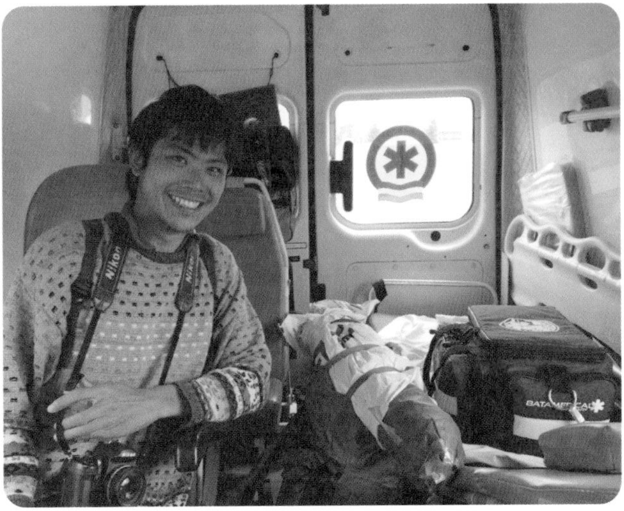

偶爾會搭到比較特殊的便車，例如救護車。

處或路標看板都經常是駕駛目光集中之處，站在這些地方候車除了可以增加被車主發現的機會，也更能確保自己的安全。相較之下，十字路口的街角不僅是個經常被駕駛忽略的位置（因為街角本來就會有行人等待過馬路），也很容易在大型車轉彎時因內輪差而意外受傷。

5. 請找容易辨識車流方向處

如同前面提到的，道路系統愈單純、車流方向愈明確的位置，便愈可以讓等便車的人事半功倍。在鄉間，城際公路往往就是小鎮中唯一的主要道路，因此要找到這個區位並不是一件太難的事，但在城市裡這就不見得是件容易的事了。此時高速公路的入口匝道，就是搭便車離開城市最好的捷徑，因為匝道本來就是分流的交通設施、使用道路的車流方向明確，而且會行駛上高速公路的車主，也更有可能正要進行一趟長途旅行。

二、上車前，與上車後

搭便車最大的麻煩就是得跟各式人物對話，要讓他們覺得不是載錯人，甚至還得娛樂他們。

——《在路上》，傑克・凱魯亞克

除了候車位置的區位要慎選之外，如何在和駕駛短短幾秒的眼神接觸時取得對方信任，也是提高成功率的關鍵。舉凡手勢、舉牌、服裝儀容等，都是搭便車者彼此相授流傳、不可疏漏的「眉角」。上了車之後，要不要和駕駛聊天呢？怎樣確認駕駛值不值得信任呢？上車之後你該做的事，與上車之前一樣重要。

以下是六個提點：

1. 便車手勢：拇指或食指？

多虧了強勢的美國文化，我們今日可能已經習慣拇指手勢和搭便車的連結，但實際上，搭便車的手勢還是存在地域差異的。比如在中東地區，搭便車的手勢是以食指往地面上指；在羅馬尼亞，則是手心向下，像在拍顆籃球那樣。事實上，也正是因為搭便車在有些地區本就是日常生活的一部分，所以也才可能存在一些在地化的手勢，有著和美國的便車次文化不同的實作模式和歷史脈絡。

不過我們後來發現，學習在地化的攔便車手勢，其實不見得有利於搭上便車。有時候，用拇指攔便車反而更能凸顯搭便車者的外國人身分，引起當地人好奇，當地駕駛不但能夠意會，或許還更願意停車。

2. 要不要舉牌呢？

除了手勢，舉牌子也是攔便車常見的技巧。首先，牌子可以寫上你想去的目的地，讓駕駛知道能不能載你一程、省去停車交涉的麻煩；但如果這個目的地距離過遠，你可能就得考慮是否改寫上比較近的目的地，以免多數駕駛看到地名就搖頭拒載，完全無法前進。

有時候，我們會在牌子的兩面，分別寫上較近和較遠的地名。遇上當地車牌的小轎車就用比較近的地名示人，看見長途卡車遠遠駛來才趕緊翻面。就這個邏輯而言，學會從車牌號碼辨識汽車的註冊地有時也能派得上用場，方便你猜測駕駛的目的地。

總之，如果你真的決定要在牌子上寫目的地，記得要靈活變通，依照個人經驗和所在的國家調整策略。

除了地名之外，我們偶爾也會在牌子上寫上俏皮的話，比如「不會吃掉你」、「剛洗過澡」之類的標語，引起駕駛注意，同時也可以避免書寫地名、遭遇前述的困境。

有次我們在阿根廷就和沙發主人聊到，等便車時該怎麼吸引駕駛注意，才能更快被撿上車。他聽了之後建議我們，牌子上不如乾脆直接寫：「Taiwaneses Graciosos—Hacemos MATE!（我們是有趣的臺灣人——還會煮瑪黛茶！）」畢竟瑪黛茶是所有阿根廷長途卡車司機賴以維生的提神飲料，如果自告奮勇當個煎茶小幫

手寫的搭便車牌。

手，或許可以增加司機停車的意願。後來我們還真的照做了，天天頂著巴塔哥尼亞高原十三級的強陣風，蹲在路邊舉著那塊好笑的牌子，期待有人賞識我們的幽默。

3. 衣著儀容

雖然在公路電影裡搭便車的人看起來都有點邋遢，但實際上幾乎所有搭便車的人都會強調整潔裝扮的重要性。如果可以的話，最好把鬍子刮一刮、把臉洗乾淨，別讓路過的駕駛心生疑懼。總之，搭便車雖然聽起來離經叛道，但人在路上、身不由己，還是要努力配合社會期待的。

4. 微笑與善意

搭便車是一件需要密集情緒勞動的事。我們等車時會盡量以笑臉示人、表達善意，最好還可以和駕駛四目相接，因為駕駛判斷是否停車，往往依靠的是眼神透露的善意。

上車後，與駕駛的寒暄交談當然免不了。如果遇到長途駕駛的卡車司機，「不擇手段維持司機清醒」則更是搭便車的人的義務與責任；舉凡聊天、餵食、語言教學、幫駕駛按摩、唱歌等等，都是還不錯的互動方式，也會成為便車旅行最令人想念的回憶。

當然，接連的情緒勞動也是很累人的。到後來，如果遇到不太愛說話的駕駛，我們反而會鬆一口氣，彷彿他真的只是純粹想載我們一程而已，別無他意。等有天你真的上路了，或許也會開始理解，為什麼傑克・凱魯亞克會覺得要和駕駛聊天，有時候是一件麻煩的事情了（不過我們大多時候都很享受啦）。

5. 不要害怕拒絕司機

司機可以挑人停車，你當然也可以選擇要不要上車。不懷好意的司機通常總有蛛絲馬跡可循，上車之前的交涉互動，除了用來確認雙方的目的地之外，也是觀察對方的重要機會。善用你的直覺，司機的語氣、眼神，車廂內部的物件和車況，都可以是你判斷是否上車的依據。

就我們的經驗而言，搭便車最常遇上的危險其實是酒駕的司機，而不是謀財害命、劫財劫色。尤其是在土耳其、埃及這類相對世俗化，但又以伊斯蘭文化為基底的社會，不斷移動的車廂空間，具有半封閉、視覺上難以穿透的隱匿性，因而有時會成為穆斯林躲避旁人眼光和社會壓力、偷偷喝酒的「私領域」。在這些國家的公路邊，我們也常會看見啤酒瓶的碎玻璃，因為要湮滅破戒喝酒的物證，只要車窗半開、隨手一拋即可。好在，要避開這些公路上的酒鬼也不難，只要鼻子靈敏一點、留意駕駛眼神和語氣就行了。

6. 獨行還是結伴？

一般的說法是：獨自搭便車的男人似乎有點可疑，等便車的時間會長一些，而女生一個人旅行，又難免要擔心人身安全。相較之下，一男一女的組合看起來似乎是最無害的。

但一個人搭便車也有一些好處，比如彈性更大，有時候還可以搭上摩托車（不過我們兩個人也是偶爾會搭到摩托車的便車跟車主三貼啦）。

我們後來還發現，女生等車也許真的比男生容易。好多次我們兩人一起等車未果，卻在我暫離後沒多久（比如跑去找隱密的地方小便，或去旁邊賣店買東西吃的時候）就有駕駛為我同伴停靠。所以如果你們剛好也是一男一女的組合，又遇不上願意停車的便車駕駛，或許也可以試著讓男生消失一陣子（不過等車主看到男生出現時可能會有點錯愕就是了）。

三、利用網路資源

如果傑克・凱魯亞克知道我們現在有智慧型手機和行動網路，他可能會很羨慕。有了它們，你不僅可以在移動時即時知悉所在位置，也可以快速獲取所在地的各種資訊，而不是像他一樣，在摺到破掉的地圖上努力辨識方位。

有用的資源多不勝數，除了地圖軟體、以及像是維基旅遊（Wikitravel）或貓途鷹（TripAdvisor）之類的旅遊資訊網路平臺之外，還有專屬於便車愛好者的社群網站——「便車維基」（Hitchwiki）。

便車維基是一個開放的交流平臺，分為百科、地圖、論壇、便車記錄日誌幾個部分，每個會員都有權力編輯管理。其中的便車百科便羅列了搭便車訣竅、目的地綜合情報，宛如「便車聖經」，論壇則提供便車者交流互動的機會。偶爾，便車愛好者的聚會，或者「搭便車大賽」的訊息也會在網站上公布。

我們最常使用的功能則是協作式的便車地圖。使用者除了可以在地圖上標注出自己的等車位置，還可以註記等候時間長短、搭乘目的地、留下綜合評論，讓其他使用者按圖索驥，大幅降低了搭便車的不確定性，非常實用。

四、善用一切公共設施

不論冬天有多冷，春天就在前方
我笑著，但我在跟誰開玩笑？
那就走個幾哩路吧，偶爾獲得幾趟便車
我要用拇指找到回天堂的路
我要用拇指找到回天堂的路
我要用拇指找到回天堂的路

——〈Thumbing My Way〉歌詞，Pearl Jam

再怎麼經驗老到的搭便車好手都會有踢到鐵板的時候。但搭便車最先讓我們著迷的，就是這份未知的等待——不知道要等多久，不知道誰會停下，不知道能載我們多遠，不知道會去哪裡。

活在現代社會中，時間常常被具象化成一張行事曆，我們習慣在活動與活動之間盡力消滅「等待」，所以有些人才會像要對付從生活中掉落的時間碎片一樣，老靠著滑手機來粉碎它。但在路邊，你唯一能做的只有耐心地看時間隨車流逝去，並學會在等待之中感覺時間的重量與質地。

除了原地蟄伏，你也可以大膽挺進。面對失敗，更好的解決之道通常是背起背包，沿著公路往目的地的方向走——就像人生遇到挫折時，繼續向前，通常會比停留在原地好。保持移動，至少讓搭便車者不會在枯等的狀態中情緒惡化，順便在行走過程中找尋新的便車機會，或者抵達下一個岔路、遇上其他車流。

為了應對最糟的情況，你也可以預先查好替代方案，比如掌握附近火車站或巴士站的位置，以及在行程較緊時，確認自己可以趕上最後一班公共交通工具。夜間等便車往往只是徒勞，嚇死駕駛也嚇死自己，所以除非逼不得已，否則我們不會在夜間等車。

由於搭便車的人難有固定行程，因此也可以考慮隨身攜帶帳篷或露宿袋，萬一前不著村後不著店，至少還可以野營過夜。初抵一個完全陌生的環境時，我都會想辦法尋找下列這些地方：

1. 加油站／休息站

在幅員遼闊的國家，或在人煙稀罕的鄉間，加油站或休息站往往是最理想的過夜地點。這些地方通常不會打烊，而且本來可能就是長途貨車司機過夜休息的地方，因而可能有洗手間、浴室、小賣店、餐廳，甚至是自助洗衣的服務，而通宵值班的職員，也多少可以確保野營時的安全。在加油站或休息站留宿還有另一個好處：早上醒來時你可以藉著地利之便，主動詢問同樣在那裡過夜，或正在加油的貨車司機是否願意載你一程。

2. 消防局

在都市裡，消防局則是我們紮營過夜的首選，因為不論城鎮人口多寡，消防局通常都是必備的公共服務設施，而且容易辨識。就安全考量來說，消防隊員必須夜間輪守，在消防局裡（或附近）駐紮過夜也更能確保安全。更重要的是，以「救人」為職志的消防員多半會歡迎需要幫助的搭便車者，也不太介意設施空間被借宿者暫時占據，甚至偶爾會提供消防員的宿舍床位、邀請留宿者一起用餐。

相較之下，警察局雖然看似有著類似的區位，但警察畢竟是為了「維護社會秩序」而存在，而搭便車的人又常常被看作不正常的「異類」，所以多半對於搭便車的人不太友善，總會回絕留宿的請求，甚至報以懷疑眼光。

3. 公園

如果吃了消防局的閉門羹，或是因為其他因素無法找到消防局留宿，那麼這時候公園就是最好的第二選擇。尤其都市裡的公園往往距離民宅不會太遠，又能提供不少天然隱蔽，路人經過也很難發現。

4. 空屋

在人口外流嚴重的地區（比如加入歐盟之後的前南斯拉夫國家或羅馬尼亞），公路邊經常可以看見人去樓空的房舍。這些房舍為搭便車者提供了遮風避雨的場所，但搭便車者必須透過空屋內的遺留物（比如是否有最近留下的酒瓶和使用痕跡），來判斷空屋是否安全、適合留宿過夜。

5. 發揮你的創意！

除了前面提到的各種地點，其他任何隱密、卻又距離人煙不會太遠的地方，都可能是理想的紮營地點。我們目前為止最喜歡的一個地點，是土耳其特拉布宗機場裡沒有租出去的店面。店面裡剛好容得下一個帳篷，櫃檯又提供了絕佳的掩護，即使外面人來人往也能夠覺得安心。總之只要扯開想像、搭起帳篷，整顆地球其實都可以是你的旅館。

野營時帳篷旁有遮蔽物為佳。

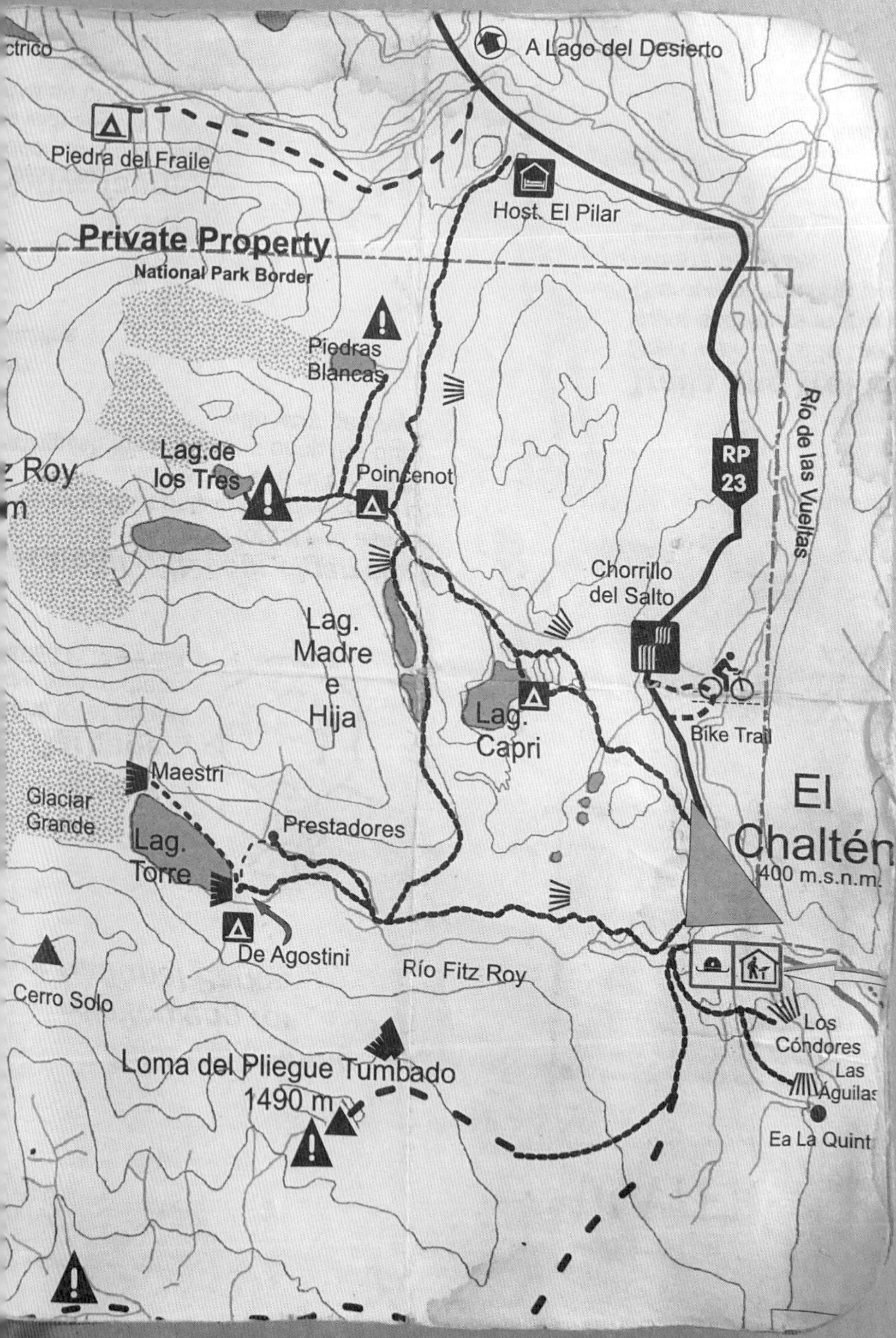
ctrico
A Lago del Desierto
Piedra del Fraile
Host. El Pilar
Private Property
National Park Border
Piedras
Blancas
Lag.de
los Tres
z Roy
m
Poincenot
RP
23
Río de las Vueltas
Chorrillo
del Salto
Lag.
Madre
e
Hija
Lag.
Capri
Bike Trail
Maestri
Glaciar
Grande
Lag.
Torre
Prestadores
El
Chaltén
400 m.s.n.m.
De Agostini
Río Fitz Roy
Cerro Solo
Los
Cóndores
Las
Águilas
Ea La Quint
Loma del Pliegue Tumbado
1490 m

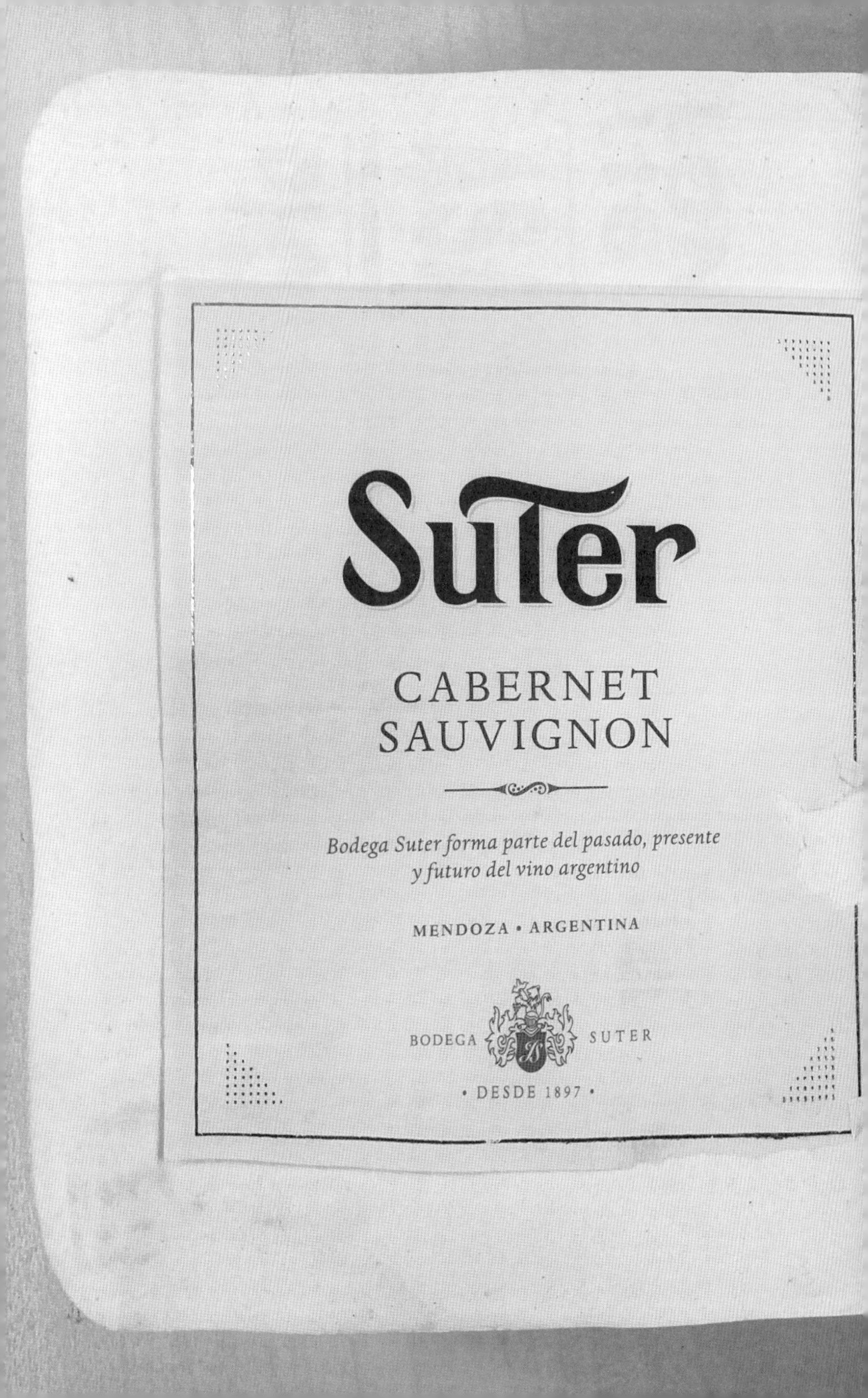
Suter
CABERNET
SAUVIGNON
Bodega Suter forma parte del pasado, presente
y futuro del vino argentino
MENDOZA • ARGENTINA
BODEGA SUTER
• DESDE 1897 •

聯經文庫

搭便車不是一件隨機的事：公路上3萬5千6百公里的追尋，在國與界之間探索世界

2021年8月初版 定價：新臺幣430元

著者 李易安
叢書主編 黃淑真
校對 馬文穎
繪圖 ivy_design
裝幀設計 ivy_design

出版者 聯經出版事業股份有限公司
地址 新北市汐止區大同路一段369號1樓
叢書編輯電話 (02)86925588轉5322
台北聯經書房 台北市新生南路三段94號
電話 (02)23620308
台中分公司 台中市北區崇德路一段198號
暨門市電話 (04)22312023
台中電子信箱 e-mail：linking2@ms42.hinet.net
郵政劃撥帳戶第0100559-3號
郵撥電話 (02)23620308
印刷者 文聯彩色製版印刷有限公司
總經銷 聯合發行股份有限公司
發行所 新北市新店區寶橋路235巷6弄6號2樓
電話 (02)29178022

副總編輯 陳逸華
總編輯 涂豐恩
總經理 陳芝宇
社長 羅國俊
發行人 林載爵

行政院新聞局出版事業登記證局版臺業字第0130號

本書如有缺頁，破損，倒裝請寄回台北聯經書房更換。 ISBN 978-957-08-5933-1 (平裝)
聯經網址：www.linkingbooks.com.tw
電子信箱：linking@udngroup.com

本書圖片皆由作者提供

國家圖書館出版品預行編目資料

搭便車不是一件隨機的事：公路上3萬5千6百公里的追尋，在國與界之間探索世界/李易安著．初版．新北市．聯經．2021年8月．336面．14.8×21公分（聯經文庫）
ISBN 978-957-08-5933-1（平裝）

1.遊記 1.世界地理

719 110011307